棉花糖成功心法

中英對照的棉花糖心法，讓你描摹中文、抄寫英文，將成功心法寫在紙上、刻在心裡。

成功的人願意做不成功的人不願意做的事。

描摹中文

Successful people are willing to do things that unsuccessful people are not willing to do.

Successful people are willing to do things that

unsuccessful people are not willing to do.

抄寫英文

不要一開始就把棉花糖吃掉。等待對的時機，可以吃到更多棉花糖。

Don't eat the marshmallow right away. Wait for the right moment so that you can eat more marshmallows.

成功的人說話算話。

Successful people don't break their promises.

凡事要從長遠來想。一塊錢每天翻倍，持續三十天，會超過五億。

A dollar a day doubled every day for thirty days equals more than $500 million. Think long-term.

要從別人身上得到你想要的，一定要讓對方想幫助你，並且信任你。

To get what you want from people, they must have a desire to help you and they must trust you.

要讓別人按照你的話去做，最好的辦法就是影響他們。

The best way to get people to do what you want is to influence them.

成功的人願意做不成功的人不願意做的事。

Successful people are willing to do things that unsuccessful people are not willing to do.

要預測一個人未來成不成功，能不能延遲享樂是重要指標。

The ability to delay gratification of your own free will turns out to be a strong predictor of accomplishment.

決定未來的，不是過去做的事，而是現在願意付出些什麼。

It's not what you've done in the past, it's what you're willing to do in the present that determines your future.

棉花糖守則是要讓你在現在與未來的欲望之間取得平衡。

The marshmallow principle is about balancing current and future desires.

我的棉花糖計畫

跟著本書歸納出的棉花糖計畫五步驟找出目標、擬定行動計畫，讓你的棉花糖夢想成真！

步驟1：你需要做些什麼改變？

你現在可以執行哪些策略來停止吃棉花糖？你願意付出些什麼來改變？

寫下你的答案

我決定：

- 在家吃飯，減少外食。
- 在酒吧喝酒時少花點錢。

步驟 1：你需要做些什麼改變？

你現在可以執行哪些策略來停止吃棉花糖？你願意付出些什麼來改變？

步驟 2：你的強項和弱點是什麼？

你需要改進的是什麼？要怎麼做，才能有最大的改善？

步驟 3：你主要的目標是什麼？

找出至少五個主要目標，寫下來，然後再寫下你需要怎麼做才能達到這些目標。

步驟 4：你的計畫是什麼？

把它寫下來。如果你看不到目標，絕對沒辦法完成它。

步驟 5：你要怎麼做才能讓自己的計畫付諸實行？

你願意在今天、明天、下個星期、明年做些什麼，好幫助自己實現目標？

Joachim de Posada　Ellen Singer
喬辛・迪・波沙達、愛倫・辛格　著　張國儀　譯

先別急著吃棉花糖

暢銷百萬慶祝版

Don't Eat the Marshmallow... Yet!

The Secret to Sweet Success in Work and Life

【目錄】

各界好評推薦

我慶幸自己在剛步入社會時就讀到這本書。隨著時間推移，這本書已經幫助我實現想要的生活，也讓我持續積累更多能力，通往下一個人生目標。

——艾爾文（作家）

衝動是好事，但要用在對的時刻，比如理想事業、告白、喜歡的旅行地點或生活體驗。而如果是十年後會後悔的事，拜託請你延遲滿足，不然你就無法獲得長期的快樂。

面對人生兩難時，也請你一定要選擇「短期會給你帶來痛苦」的那一個。

在未來，你會感謝自己踏出的這一步改變。或許，你就會擁有自己的「棉花糖廠」！

——好葉（《一人公司的致富思維》作者）

必須先澄清，這可不是本說教系列的書。但對於拖延症末期、渾渾噩噩的迷航人來說，我想絕對是良方。來吧！花一點時間閱讀這本書，就是第一天的棉花糖挑戰！堅持下去，到了第三十天看看那超過五億的收穫是否如期而至。

——王俞心（幼華高中・高二）

「同學上課不要用手機，不要當先吃棉花糖的人！」初聽此話我百般困惑，直到看了本書我才明白。書中有棉花糖實驗的過程、生活中的應用，穿插有趣且引人深思的對話，讓我在娛樂的同時，學習可以應用於生活中一切事項的理論！

——張娜俐（北一女中）

〈推薦序〉

把自己活成一道光的棉花糖魔法使用者

A大（ameryu）

我終於有機會可以好好地感謝這本書，以及出版社。

人的一生中，若要遇見一本可以徹底改變自己人生的「勵志理財書」，其實是一件可遇不可求的事。而這本書最不可思議的地方是，它救了我一命，在我生命中最低潮、接近想要自我了斷的時候。此外，它還讓我兩次改變了人生。

第一次改變人生時，讓我最受用的一句話是：「把知識拿來用，就會產生力量。」而把我推到批踢踢CFP板（理財規畫板）

寫文的開端，則是「棉花糖守則6」的其中一小段：「做別人不願意做的事。」然後，我覺得有兩個觀念超級重要。一個是「延遲享樂」，在對的時機再把棉花糖吃掉；另一個超級受用的觀念則是「你今天願意付出什麼，來獲得明天的成功」——這句話出現在主角阿瑟正在消滅日常支出的那個橋段，裡面提到的方法，我全部照著做，因爲我想存到錢。我就這樣一直拚命存錢、啃書，終於在二〇〇八年十二月，在臺南火車站附近買到人生的第一間房子。

第二次的改變發生在二〇一〇年。那時我失去了人生努力的方向，於是又把這本書拿出來看。就在我把書翻閱到書腰爛掉的時候，封面上那句原本被書腰遮住的話露了出來：「成功與失敗的差別，並不光是努力或聰明，關鍵在於擁有『別人沒有的本事』。」（編按：這段話是本書二〇〇六年版的封面文案。）隨著書腰脫落，「關鍵在於擁有『別人沒有的本事』」這句話彷彿封印被解開了，然後烙印在我心中，也點燃了我內心的中二魂：我要變成最強的。這正是我欠缺的，要想在江湖行走、立足，就要想辦法擁有一門獨門武功。而也因爲受到啓發，練成了一門理財絕學，讓我在二〇二一年完成了我的夢想（之一），出版了一本理財書。

把自己活成一道光，因爲你不知道，誰會藉著你的光，走出黑暗——這是泰戈爾的經典佳句之一。這本書就像一道光，把我從地獄十九層拉回到地平面，讓我的人生漸漸好了起來。希望這本書也能變成你人生中的一道光、一種魔法，讓你拾獲改變人生的契機。

（本文作者爲《A大的理財金律》作者）

〈前言〉

吃棉花糖前的說明

在我十幾歲的時候，家道中落，也因此在成長的過程中，對於「失敗有多麼危險」的體會，遠超過如何才能成功。雖然我的父母在中年的時候慢慢回復往日榮景，不再一文不名，卻再也沒辦法擁有追求成功的心態，而我從他們身上吸收到的恐懼，也遠比領略他們的成功更徹底。這樣的恐懼刺激了我想賺很多錢的欲望，也促使我開始以教別人怎麼賺錢爲生。我長大之後成爲一個激勵型講師，曾經鼓舞數以千計的公司負責人和專業運動員，運用成功的守則來達成自己的目標。但是，當時的我並沒有眞正了解，我漏掉了成功公式裡很重要的一個部分。

後來，我讀到關於棉花糖的故事，它永遠地改變了我的——也希望是你的——人生。

在我家失去了所有之後，一切都變了樣。父母親變了，我也不再是從前的那個我。我父親總是很害怕會再一次失去所有，所以他一直過度保護自己。當他把失去的財富又賺回來之後，他還是開著那輛老舊的雪佛蘭轎車。一直到八十一歲，他才買了一輛凱迪拉克（而且兩年後就死在那輛車裡）。我潛意識裡也有著同樣的恐懼，卻用相反的方式來表現：賺多少就花多少。我過著非常奢華的生活：把錢花在旅行、女人、禮物、最新款的車子，還有昂貴的珠寶上，不但一毛都不剩，花得還比賺得多。我只要一有棉花糖，就馬上把它吃掉。

看到這裡，你或許會想，我父親怎麼沒有阻止我？他怎麼沒有試著把他學到的價值觀教給我呢？我父親從來沒告訴過我如何做個成功的人，因爲他自己也不了解其中的道理。他可以身體力行，並不是因爲他知道那些公式，而是他害怕再次失去一切。如果你很有錢，一覺醒來卻發現自己一文不名，你一定會學到一些很重要的人生課題，但你不一定有時間去深思其中的道理，更別說要教導其他人了。所以，要如何保有財富，對我來說一直是個謎——一個之後我下定決心要解開的謎。我除了要能了解，還要能解釋原因：

為什麼有些人做得到，有些人做不到？

為什麼有些人能成功，有些人卻失敗？

爲什麼有百分之九十的人在六十五歲的時候還沒辦法經濟獨立？一把年紀了還得繼續工作，靠社會福利金救濟，或是祈禱兒女變成醫生或律師，負擔他們晚年的生活。

我擔任激勵型講師已經超過三十年了，曾在超過三十個國家演講過，聽眾包括了一些全世界最好的公司，也爲我建立起一份密密麻麻的客戶名單。我也曾經從事與運動相關的工作，負責激發NBA球員和奧運選手的潛力。我發現同樣的問題也可以用在這裡：爲什麼有的運動員做得到，有的就不行？這絕對不是天賦或能力的問題。全世界有很多有天分的運動員從來沒有過好表現，也有很多不怎麼有天分的運動員成績輝煌。

我渴望找到成功眞正的祕訣，於是做了許多研究和調查。在這過程中，我找到由美國傑出心理學家，華特．米伽爾（Walter Mischel）所做的心理實驗。

我不在這裡多說實驗的細節，因爲你會在本書的故事裡讀到，但是讓我告訴你一件事：我發現了「爲什麼有的人會成功，有的人會失敗」的關鍵。我認爲這實在太重要了，重要到我決定和愛倫．

辛格一起為它寫一本書。

請注意：所有人都一定要學會這個守則。我即將告訴你的是富有與貧窮之間的差異。這是一個一定要教會全世界所有年輕人的祕密。我是這樣教我女兒的，我也想教你，然後你可以再去教你的孩子。

這本書適合企業家、上班族和創業者；也適合運動員，和那些總想在人生中超越別人的人。

這本書也是給老師看的，因爲他們背負著教育下一代的重大責任。

當然，這本書也是給那些願意改變自己的行爲，好讓人生能夠成功的青少年看的。

不過，在開始讀這本書之前，請先看看下面這個問題。

有三隻青蛙一起在一片葉子上順流而下，其中一隻青蛙決定跳進河裡。請問：

葉子上還剩幾隻青蛙？

大部分的人都會回答兩隻。

答錯了。

那片葉子上還是有三隻青蛙。

爲什麼？

因爲「決定要跳」跟「眞的跳」是兩回事。

有多少次你決定要減肥，到了月底才發現，體重計上的數字一點都沒變？有多少次你下定決心要戒菸，隔天晚上出門就又叼起一根菸？有多少次你決定週末要來打掃頂樓，到了星期一，頂樓看起來卻比之前更亂了？

如果這些狀況聽起來都跟你很像，我希望你真的下定決心開始讀這本書，並且應用在這裡學會的東西。這樣一來，你就會朝成功躍進一大步。

法蘭西斯．培根曾說：「知識就是力量。」他說的沒錯，但是他忘了多加幾個字，讓這句話更容易懂：「把知識拿來用，就會產生力量。」如果你明知道卻不去做，等於你不知道。就是這麼簡單的道理。

好好讀這本書，然後應用從中學會的東西。我保證，你的人生一定會不一樣。

我學會了那個祕密，不再吃掉我所有的棉花糖。等你看完這本書，一定也會跟我一樣。

Chapter 1

從史丹佛的
棉花糖實驗開始

喬納森・沛辛這個人，通常都像他酷愛的 Brooks Brothers 西裝一樣，冷靜、自信；但此刻的他，剛剛結束一場劍拔弩張的會議，看起來卻無精打采。沛辛走到他的豪華轎車旁，發現他的司機正把最後一口沾有番茄醬的漢堡塞進嘴巴裡。

「阿瑟，你又吃棉花糖了！」沛辛嚴肅地說。

「棉花糖?!」阿瑟不只被老闆嚴厲的語氣嚇到，還很驚訝這位出版業鉅子竟然說出這樣的話（喬納森・沛辛向來以說話難懂聞名）。

「呃，其實，我剛吃的是麥香堡。我不知道有多久沒吃過棉花糖了，連今年復活節我都沒有放棉花糖在籃子裡，而且我也很久沒吃過棉花糖霜花生醬三明治了，大概從……」

「別緊張，我知道你不是眞的在吃棉花糖，只是我整個早上都被一群愛吃棉花糖的人包圍，看到你也跟他們一樣，讓我很受不了。」

「我覺得好像有故事可以聽了喔，沛辛先生，是不是可以讓我一邊開車一邊聽你說？」

「那就麻煩你了。如果我沒記錯，珮蘭莎說，今天中午要做她最拿手、也是你最愛吃的西班牙海鮮飯來當午餐；而我交代她一點鐘——也就是二十分鐘之後——開飯。這是和這個故事息息相關的重點，等一下你就會知道了。」

「沛辛先生，可是這跟棉花糖有什麼關係呢？」

「阿瑟，要有耐心。你馬上就會知道。」

阿瑟穩穩地開車穿行在城裡的車流中，一邊把他快完成的《紐約時報》拼字遊戲塞到椅背後面。同時，沛辛往後靠進柔軟的皮椅裡，開始了他的故事。

「我四歲時參加過一個實驗，這個實驗後來變得很有名。那時我父親在史丹佛大學修碩士學位，他的一位教授爲了蒐集足夠的研究資料，到處找實驗對象，剛好我的年紀適合，因爲，這個實驗是探討小孩子『延遲享樂』（delayed gratification）的能力對他以後所產生的影響。實驗大概是這樣的：跟我一樣大的小孩被帶到一個房間，一次一個人。然後有個大人進來，在我面前放了一塊棉花糖，她說她得離開十五分鐘，如果她不在的這段時間裡，我沒有把棉花糖吃掉，等她回來之後，她會再給我另外一塊棉花糖當作獎賞。

「一換二的交易，付出可以得到百分之百的回報。嗯，就算是四歲的小孩都會覺得很划算。」阿瑟喃喃自語地說。

「當然啦。可是，十五分鐘對一個四歲小孩來說，是很漫長的。再說，身邊也沒人會提醒你不可以吃。所以，那塊棉花糖的魅力突然變得很難抗拒。」

「那你到底有沒有吃掉棉花糖呢？」

「沒有。但我大概有十幾次差一點就要吃了，甚至去舔了一口。讓我看著糖卻不能吃，實在是很痛苦。於是我唱歌、跳舞——所有我想到可以轉移注意力的事我都做了。然後，感覺像是過了幾個小時那麼久，那位和善的女士終於回來了。」

「那她有沒有給你另外一塊棉花糖？」

「當然有。那兩塊棉花糖是我這輩子吃過最好吃的。」

「不過，這個實驗的重點到底是什麼？他們有告訴你嗎？」

「那個時候沒有，我是過了很久以後才知道的。同樣一組研究人員匯集了他們聯絡得上的第一代『棉花糖小孩』——我想第一次的實驗大約有六百個小朋友參加——要求小朋友的爸媽評估他們的某些技能與特性。」

「那你的父母是怎麼評估你的呢？」

「什麼都沒評估。他們沒收到問卷，因為那個時候我已經十四歲了，我們也搬了幾次家。不過這批研究人員回收了將近一百份棉花糖家庭的問卷，研究結果相當驚人：比起那些大人一離開就把棉花糖吃掉的小孩，沒有吃掉棉花糖、甚至是掙扎了很久才吃的小孩，在學校裡都表現得比較好。他們比較懂得與其他人相處，也比較會處理壓力。這些不吃棉花糖的小孩，最後都比吃棉花糖的小孩來得成功很多。」

「嗯，這的確很像你的寫照。」阿瑟說，「但我還是不懂，爲什麼四歲不吃棉花糖這件事，可以讓你在四十歲時變成一個身價數十億的網路出版商呢？」

「這當然沒有直接關係。只不過，**要預測一個人未來成不成功，能不能延遲享樂是很重要的指標。**」

「爲什麼？」

「讓我們回到一開始我對你吃麥香堡這件事所做的評論吧。今天早上你不是告訴我，珮蘭莎答應要留一盤美味的西班牙海鮮飯給你嗎？」

「是呀，她跟我保證說，這一次的海鮮飯是最頂級的，裡面的龍蝦多到不行——呃，我其實不應該告訴你才對。」

「那，你在就要吃到全世界最頂級的海鮮飯前的三十分鐘做了什麼？」

「吃了一個麥香堡——吃了棉花糖！我懂了。因爲我不能等，所以我爲了一個什麼時候都吃得到的東西，壞了自己的食欲。」

「沒錯。你選擇了即時的享受，而不是爲你眞正想要的東西忍耐。」

「天啊，沛辛先生，你說的一點都沒錯。但我還是不太懂，吃不吃棉花糖，眞的跟你坐在那裡放鬆享受，而我坐在這裡開車有關係嗎？」

「沒錯，阿瑟，絕對有關係。不過我要等明天早上九點，你載我進城時再跟你解釋。我們到家了，現在我要去享受一頓美味的午餐。你呢，有什麼打算？」

「在我吃得下任何東西之前，都不要讓珮蘭莎找到我。」

阿瑟將沛辛先生載到門口，幫他開了車門跟大門。這個人多年來付他薪水，而且在他願意聽的時候，還教他些有價值的道理。此刻他還不知道爲什麼，但是他猜想這個有關棉花糖的故事，會是老闆教給他最重要的一課。

阿瑟離開老闆的家，不再多想，開車到附近的一家雜貨店，買了一包棉花糖。

要預測一個人未來成不成功，能不能延遲享樂是很重要的指標。

The ability to delay gratification of your own free will turns out to be a strong predictor of accomplishment.

Chapter 2

成功的人
不會急著吃
棉花糖

「沛辛先生，早！你答應跟我解釋那個棉花糖的故事，我滿腦子都在想這件事。」

「好，我們進城要花多少時間，我就用多少時間跟你解釋，而且只要你想聽，以後每次坐車我都可以說給你聽。**成功的人說話算話**。」沛辛先生輕盈地滑進轎車後座，阿瑟則在車門一旁侍立。

「真的是這樣嗎？可是我印象中老是聽到商場上的生意人出爾反爾。」

「那倒是真的。有些人言而無信也能賺進大把鈔票，不過，這些人遲早都會自食惡果。一般來說，想達到目的，也得要別人信任才行。不過這是題外話了，阿瑟啊——」

「什麼事，沛辛先生？」阿瑟站在車門邊問。

「如果你趕快上車，就可以趕快聽到棉花糖的故事。」

「啊，對喔。」阿瑟推了推帽沿，繞過車子小跑步，坐到駕駛座上，發動了引擎。

「如果我沒記錯，阿瑟你是想知道怎麼應用棉花糖理論，還有不吃棉花糖的人爲什麼比吃棉花糖的人成功，對嗎？」

「對啊，我想知道這跟你的成功有什麼關係，呃，還有，跟我自己差強人意的成就有什麼關係。」

「嗯，『差強人意的成就』，眞會遣詞用句。我終於知道爲什麼你這麼會玩拼字遊戲了。」

「謝謝你，沛辛先生。我對文字是還滿有一套的，只是平常沒什麼機會表現。」

「你可以改變現況，阿瑟，我會告訴你怎麼做。不過，現在讓我們先回到你之前那些吃棉花糖的日子吧。先從高中開始好了，你那時候開什麼車？」

「哦，沛辛先生，我那時候開的可是最屌的車！一輛棗紅色的雪佛蘭Corvette敞篷車，絕對是一輛炫到爆的好傢伙。我還載過回鄉探親的選美皇后一起兜風咧！」

「這就是你買那輛車的原因嗎？」

「爲了把妹？當然啦！而且很有用耶，我的聯絡簿從A排到Z都是滿的。」

「這我相信。阿瑟，你怎麼買得起那輛車？是人家送你的嗎？」

「不是啊，我用我十六歲生日拿到的錢來付頭款，然後去打工來付每個月的貸款和保險，不過我還得打第二份工來負擔跟所有女生約會的費用。如果車子需要維修，那我就眞的慘了，只好一直哀求老闆讓我加班多賺點錢，一定要在週末前把車修好。大部分時候我都處於破產狀態。」

「你那輛炫到爆的雪佛蘭是塊很大的棉花糖吧？」

「啊？什麼？啊……這就是眼前的甜頭，對吧？我要馬上就擁有炫車和辣妹，可是這些卻不長久。到了今天，我甚至沒有自己的車──我開的是你的車──而且沒有哪個美女會對一個司機感興趣。這實在是太糟了。可是，沛辛先生，每個人在高中時不是都想要最炫的車、最辣的妞嗎？難道你不是？」

「我當然也是啊，阿瑟。我高中的時候最羨慕你這樣的人了。你知道我那時候開什麼車嗎？一輛十年的摩力斯奧司福（Morris Oxford），那是我可以找到最便宜的交通工具了，花了我三百五十塊錢（編按：以下金額皆爲美元，全書同）。

「不過它可以載我去上課、打工，偶爾也載載賞臉的女生去約會。我跟我的車都不是你所謂的美眉吸鐵，但我選擇把錢存起來念大學，因爲我相信，只要好好讀書，我就能得到人生中所有想要的東西。我那時候不吃棉花糖，換來的是現在的一切。」

「你現在應該擁有數不清的棉花糖吧，其中還包括看起來讓人流口水的美女棉花糖，又柔、又軟，比例又完美，而且你還是單身！」

「你說的沒錯，阿瑟，」喬納森邊說邊笑了起來，「雖然這不完全是我本來要舉的例子。換個例子好了，如果我今天一次給你一百萬，或是給你一塊錢，但每天翻倍，第一天一塊錢、第二天兩塊、第三天四塊……持續三十天，你要選哪個？」

「沛辛先生，我不是笨蛋唷，我當然會選一百萬啦。你可別告訴我你會選一塊錢每天翻倍，持續三十天喔！」

「你看你又來了，阿瑟。你又吃棉花糖了。你老是只圖眼前小利，而不會將眼光放遠。你應該選一塊錢，因爲這樣的話，三十天之後你會拿到超過五億！不過很可惜，才一百萬就讓你把持不住了。」

「眞的假的?!可是我知道沛辛先生你從來不會騙我，所以你一定是說眞的。」

「沒錯，阿瑟，我是說眞的。這就是不馬上吃掉棉花糖所產生的驚人力量。一個月五億比一天一百萬好太多了。」

「眞的，我想你說動我了，沛辛先生。可是，我光知道理論又能怎樣？要怎麼做才能扭轉我的生活？你又是怎麼做到的？」

「我們快到公司了，阿瑟，所以我沒辦法很完整回答這兩個問題。不過，我可以說個很簡單的例子給你聽。你還記不記得昨天我很氣開會的那些人，說他們都是些吃棉花糖的傢伙，所以我們才會開始這個話題？」

「當然記得，我想那也是我第一次看到你氣得領帶都歪了。」

成功的人說話算話。
Successful people don't break their promises.

「我們正在談一筆生意，要把我們的電子銷售訓練課程賣給一間拉丁美洲的大公司，從那間公司的規模來看，他們想買的課程大概要一百萬元。我就跟平常一樣，一直努力遊說他們購買一整套的服務、課程和講習，希望大家能夠建立起長期的關係——這意味著一筆價值一千萬元的生意，而且還能打開拉丁美洲市場。」

「後來怎麼了？」

「那間公司的總裁出差去了，但我們接到副總裁打來的電話，說他想和我們見面談。我們的銷售部副總一聽到人家副總裁開出來的需求，馬上就答應成交了，他們要買的就是那個一百萬元的課程。可是他不應該滿足於這麼容易的解決方法，應該要更深入去找出人家其他的需求。阿瑟，銷售部副總選擇吃掉棉花糖，而不是把這筆生意發展成一千萬的大案子。這種事一天到晚都在發生，全世界大大小小的公司都一樣。」

「你還是拿到了一百萬的生意啊，情況也沒那麼糟啦，對吧？」

「但是這筆生意還沒有簽約喔，而且接下來情況變得更糟了。昨天那間公司的總裁打電話給我，質問我們爲什麼反悔不跟他們建立長期關係了。他覺得我食言，也覺得自己被羞辱了，因爲他以爲我們對他沒有信心。他說他拒絕跟一家只看眼前利益，而不爲客戶需求找出路的公司做生意。」

「他不想跟吃棉花糖的人打交道！」

「沒錯！我們很可能同時失去一千萬和一百萬的生意，就因爲我們吃了棉花糖！」

「有辦法挽救嗎？」

「我現在就是在想辦法啊，阿瑟。但是無論救不救得回來，今天都會很難熬，搞不好連今晚都逃不掉。你可以先回去了，如果需要你來接，我會打電話。」

「加油，沛辛先生！我挺你。」

「謝謝你，阿瑟。」

阿瑟開車回到沛辛的豪宅，把車停進有六輛房車的車庫裡，然後慢慢走回自己住的小木屋。這間小房子不用付房租，算是他薪資的一部分。

其實他的生活很悠哉，工作沒什麼壓力，也沒有什麼太大的支出。只是，這樣的生活五年下來，他又有什麼好讓人羨慕的呢？銀行沒半點存款，口袋裡也只有六十塊錢，而且最遠的計畫不超過下個禮拜。

阿瑟嘆了口氣，走進自己那陳設簡單的家，拿起昨天買的那包棉花糖。他撕開塑膠袋，正要塞一塊棉花糖到嘴巴裡時，突然停下動作，轉而把那塊棉花糖放到茶几上。

阿瑟告訴自己，如果明天早上棉花糖還在原位，那他就要吃兩塊。

Chapter 3

練習如何不吃棉花糖

信任與影響力的重要

第二天早上醒來，阿瑟又從袋子裡拿出另一塊棉花糖，他本來想一口氣吃掉這兩塊糖，不過最後他決定再等一等。他可以今晚回來再吃這兩塊，或者等到隔天早上吃四塊。此刻他最渴望的就是喬納森．沛辛的故事，而他今天至少有整整一小時的車程可以聽。這位大老闆昨晚留在公司沒回來，現在阿瑟正要開車送他去赴約。

「你看起來精神不錯喔，沛辛先生。怎麼樣，昨晚有沒有解決掉幾個吃棉花糖的人？」

「那倒沒有，但我倒是改變了幾個這樣的人。我跟拉丁美洲公司的老闆長談了一番，甚至把我的棉花糖故事都跟他說了，最後他說他可以同意一千萬元的生意，條件是，我得把棉花糖的故事加進我們的課程裡！」

「太棒了，沛辛先生！我實在是太佩服你了。你一開始談了一筆一百萬的生意，接著把它變成一千萬，然後再看著它變回一百萬，接著又變成一毛都沒有，最後再把它變回一千萬。眞不愧是化無爲有的高手啊！」

「謝謝你，阿瑟，我眞的很高興。如果你還想聽，我今天可以再跟你說另外一個故事。」

「我當然想聽，這個故事跟棉花糖理論有關係嗎？」

「我先說給你聽，然後看你覺得它們有沒有關係。你可以來做個聽後評析。」

「聽後評析？嗯，有趣，我喜歡。你說吧，沛辛先生。」

「好幾年前，我有幸遇到阿朗．甘地，也就是偉大的聖雄甘地的孫子。」

「聖雄甘地眞是一個絕對不吃棉花糖的人。通常他爲了爭取自己想要的，可以什麼都不吃。」

「沒錯，阿瑟。不過聖雄甘地對自己在追求和平上的成就是很謙虛的。你知不知道他有一次提到關於成功的祕訣？」

「不知道耶，不過你應該會告訴我，對吧？」

「如果我沒記錯，他應該是這樣說的：『我只是一個普通人，能力也不比一般人好。我一點也不懷疑，任何一個男人女人都能做到我所做的，只要他或她願意付出跟我一樣的努力，而且願意抱持同樣的希望與信念。』」

「努力和信念。你相信這一套嗎，沛辛先生？」

「我相信。雖然要靠這兩樣成功是條漫漫長路，但成功的機會和收穫卻都是加倍的。」

「超級大棉花糖！那你跟甘地的孫子見面時的狀況是怎樣？」

「阿朗．甘地對他祖父當然是滿懷敬意。他說，在他十二歲到十三歲半這段時間，他父親把他送去祖父家寄住。」

「嘿，我那個年紀的時候，我老媽一定也超想把我送到別的地方去，送去哪裡都好。」

「沒錯，我猜我父親也很想這樣做。青春期的男孩子總是讓人抓狂。阿朗跟我說，他從他祖父身上學到很多，包括紀律，還有怎麼善用自己的力量。他也說到聖雄甘地是如何靠自己的簽名來募款（他很清楚自己的簽名有多值錢），然後把募來的錢都分給窮人。不過阿朗覺得，幾年之後他十七歲時，是他父親教會他最重要的一件事。

「阿朗說，那一次，他父親要他開車，載他到離家十五公里遠的辦公大樓開會。到了以後，父親要他把車開去修理廠，在那裡等車修理好，下午五點再準時來接他，絕對不能遲到。阿朗的父親特別交代這一點，因爲他的工作時間很長又很累，所以很想在五點鐘準時離開。

「阿朗說他了解了，然後就把車開去修理廠。到了中午，他正要去吃午飯，打算吃完再回來等，這個時候，修車廠的技師卻把車鑰匙拿給他，跟他說車子已經修好了。」

「唉呀，十七歲少年郎、一輛車，再加上五個小時的空檔，一看就不太妙。」阿瑟說。

「沒錯。阿朗開著車在城裡亂逛，最後看到一家電影院，就跑進去連看了兩部。阿朗看得太投入，完全忘了時間，一直到電影演完的那一刻——已經是晚上六點五分了。他匆匆忙忙開著車，衝到父親的辦公大樓去接他。阿朗的父親一個人站在那兒，等著兒子出現。

「阿朗急急跳出車外，連忙爲自己的遲到道歉。『兒子啊，你到哪兒去了？我很擔心啊。到底怎麼啦？』

「『都是那些笨得要死的修車工人，他們搞了大半天都找不出車子的毛病在哪兒，所以一直到剛剛才修好。他們一弄好我就馬上趕來了。』

「阿朗的父親頓時沉默了下來。他沒有告訴兒子，因爲擔心阿朗的安全，他在五點半已經打過電話給修車廠，也知道車子早就修好了。他知道兒子在說謊。你覺得他接下來會怎麼做？」

「痛扁他一頓。」

「我本來也是這樣想，不過，並沒有。」

「那，罰他禁足一個禮拜，然後不准他再開車。」

「不對。」

「要他一個月不能跟女朋友見面或講電話。」

「不對。」

「好啦，我放棄了。那他到底怎麼做？」

抗拒誘惑，專注在長遠的收穫上。

Avoid the temptation and focus on long-term rewards.

「阿朗的父親把車鑰匙交給他，然後說：『兒子啊，你把車開回家吧，我想走路回去。』」

「什麼?!」阿瑟大叫。

「阿朗的反應也跟你一樣，那一趟路有十五公里遠喔。不過你先別急，先聽聽這位父親是怎麼回答的。他說：『兒子啊，十七年的時間都沒有辦法讓你信任我，我想我一定是個很差勁的老爸。我要慢慢走回家，一路好好想想怎麼樣才能做得更好。我也要請你原諒我這個差勁的爸爸。』」

「開玩笑吧?!阿朗的父親眞的這樣做？還是他故意演場戲讓兒子有罪惡感？」

「阿朗的父親說完就走了。阿朗跳進車子裡，把車開到父親身旁，求他上車。父親拒絕了他，還是執意向前走，一邊說：『我不上車，兒子，你回去吧，回家去。』於是阿朗整路都開車跟在父親旁邊，不斷求他上車，而父親也一直拒絕。所以，等到這對父子回到家，已經是將近五個半小時以後的事了，那時已經晚上十一點半了。」

「眞是不得了。接下來呢？」

「沒事，阿朗的父親一回到家就去睡了。所以我問阿朗，他從這個特別的經驗中學到了什麼，他的答案是：『從那時候起，我再也沒有對任何人說謊過。』」

「哇，沛辛先生，這眞的很了不起耶。」

「的確是，我也從這個故事裡學到了很多東西。」

「啊，拜託你告訴我，沛辛先生。」

「我會跟你說的。不過，我想先聽聽你學到了什麼，還有，它們跟棉花糖理論有沒有關係？」

阿瑟反常地安靜了好幾分鐘。快到目的地的時候，阿瑟開口了：

「碰到這種問題，最簡單的解決方法，就是處罰這個小孩子——破口大罵啦、威脅他啦，或是揍他。如果我是那個爸爸，當時一定會覺得這麼做很痛快。但這就是逞一時之快吧，雖然教訓了小孩，卻很像吃棉花糖一樣，老爸發了火，小孩知道錯了，然後大家馬上就把這件事忘了。不能否認的是，兒子開著車，有可能做出其他更糟糕的事，如果老爸狠狠教訓他一頓，他可能會覺得自己已經受到懲罰了。也許他會覺得很愧疚，也許很怨恨，也或許很害怕，但是不管怎樣，這件事就會像一般青少年犯的其他錯誤一樣，很快就過去了。可是，就因爲這個父親忍住了一時之氣——我實在不知道他哪來的自制力——對他兒子產生了一輩子的影響。是不是這樣啊，沛辛先生？」

「沒有絕對是怎樣的，阿瑟，不過我同意你說的。這個故事很明白地告訴我們，不吃棉花糖需要多大的意志力，同時也讓我們知道，如果能抗拒誘惑，專注在長遠的收穫上，對我們會有多大的影響。」

「那沛辛先生，你還學到了什麼事呢？」

「我還學到了，我們沒辦法控制別人，也不能控制大多數事情的發生，但我們可以控制自己的行爲，而我們的行爲會對其他人產生非常大的影響。其實，我們對一件事的處理或反應，比那件事本身還重要。樹立榜樣給了我們一種相當大的影響力：說服別人的力量。而**說服別人的力量，就是成功的利器**。」

「你可以解釋清楚一點嗎，沛辛先生？」

「當然可以。所有成功的人遲早都會發現，要從別人身上得

我們對一件事的處理或反應，比那件事本身還重要。

What we do about an event or how we react is more important than the event itself.

到自己想要的，一定要先讓對方很想助你一臂之力。有六種方法可以讓別人幫你：法律規定、爲了錢、用武力、施加人情壓力、靠美貌，或是運用說服力。在所有方法裡，只有說服力是最有效的，它會把你帶到另一個層次。阿朗・甘地的父親，說服了他的兒子一輩子都要做個誠實的人；我說服了拉丁美洲公司的總裁簽下一千萬的合約，另外我還希望能夠說服我的銷售部副總不要再吃棉花糖了。」

「眞是太酷了，沛辛先生。我們已經到你開會的地方了，我還眞希望路上塞車嚴重一點，這樣你就可以跟我說更多故事了。我一直都有在做筆記喔，當然不是開車的時候啦，是我回到家以後。你可不可以給我一些重點，來總結你今天說的故事呢？」

「沒問題，阿瑟，你可以寫下來：**成功的人願意做不成功的人不願意做的事。**這是我的處世哲學。我明天一定會再說一個故事來跟你解釋清楚。」

阿瑟回家之後，看著茶几上那兩塊棉花糖，笑了起來，因爲他雖然餓了，卻完全不想吃它們，他想試試看自己到底可以累積到多少個。然後，他拿出筆記本，把今天學到的東西逐項記下來。

- **不要一開始就把棉花糖吃掉。等待對的時機，這樣可以吃到更多棉花糖。**
- **成功的人說話算話。**
- **一塊錢每天翻倍，持續三十天，會超過五億。凡事要從長遠來想。**
- **要從別人身上得到你想要的，一定要讓對方想幫助你，並且信任你。**

要讓別人按照你的話去做，最好的辦法就是影響他們。

成功的人願意做不成功的人不願意做的事。

Chapter 4

成功的人
怎麼吃棉花糖

「那麼，沛辛先生，」一等喬納森在林肯豪華房車後座坐定，阿瑟直接跳過開場白，立刻開始發問，「請你給我一些例子，哪些事是成功的人願意做，但不成功的人不願意做的？」

「早啊，阿瑟。」

「沛辛先生，早！我不是故意這麼沒禮貌的，我只是很想趕快知道，到底要怎麼做才會成功。」

「我很高興聽到你這麼說，也不會怪你。今天在路上我會盡量舉兩個例子給你聽。」

「謝謝你，沛辛先生。」

「你知道大鳥柏德（Larry Bird）是誰嗎？」

「NBA塞爾提克隊那個了不起的球員？當然知道啊。」

「在柏德職業生涯的後期，也就是在他早就名聲響亮之後，即使面對的是對手的二軍，他都保持一個習慣：比所有人都早好幾個小時到比賽場地，因爲這樣他才能進行一個很繁複的儀式。」

「什麼儀式啊？」

「他會運著球慢慢在籃球場上巡視，一路頭低低地往下看。他爲什麼這樣做？因爲他在一吋一吋地檢查場地——一吋一吋喔——以確認地板哪裡有缺陷。這樣一來，如果他的球隊只以一分領先或落後，而球正好在他手上，他就可以完全控制不把球拍到有缺陷的地板上，因爲那樣可能會讓球失誤亂彈。」

「每一場比賽都這樣？實在太厲害了！」

「就是說啊。他是個年收入數百萬的人，卻一個人默默在籃球場上做別人不做的事情。他會成功，是因爲他願意去做人家不願意做的事。不像其他球員，大鳥柏德除了會投籃，並沒有其他特別傑出的專長。論彈跳力，他在整個NBA職籃大概排名第二五三；論速度，可能排名一四六。在球技上，柏德沒有哪一項比其他球員高明，但他卻是NBA歷史上最優秀的五十名球員之一。

「他願意比別人更努力，」喬納森繼續說，「而且用比別人聰明的方法來努力，所以他比那些有天賦的球員還要成功。還有人說他可以一天罰三百個球，只是爲了練習。」

「而且你說他即使在生涯高峰還是這樣做？在他已經可以躺著吃整袋整袋的棉花糖，照樣能賺進數百萬美元的時候，他還是這樣做？這實在太讓人意想不到了。他早就可以過退休生活了，可是他並沒有。」

「沒錯，每一場比賽他都當自己是新人，和其他球員一樣，很認眞地把握每一個練球的機會——就算最後比賽結果並不如人意。」

「嗯，沛辛先生，我想我們還有時間聽第二個例子，如果你已經準備好要說了。」

「我還有一個運動領域的例子。我之前看過你戴紐約洋基隊的帽子，你是他們的球迷嗎？」

「我只要有機會就會去看他們的比賽。」

「那你一定知道荷黑．波沙達（Jorge Posada）這個捕手。」

阿瑟點點頭。

「波沙達還很年輕的時候，他的父親荷黑．路易斯（Jorge Luis）問他想不想到大聯盟打球。荷黑．路易斯當時是科羅拉多洛磯隊的球探，自己也參加古巴的奧運隊，所以他對棒球和其他運動都很了解。

「『想！老爸，我想成爲專業的棒球球員，也想在大聯盟打球。』波沙達這樣說。

「『既然這樣，兒子啊，明天開始你去當捕手。』

「『老爸，我是二壘手，不是捕手！』波沙達跟他老爸抗議。

他再三請求父親讓他當二壘手，但是父親都搖頭。

「『你如果想要以後能在大聯盟打球，一定要當捕手。我很清楚自己在說什麼。』」

「波沙達接受了他老爸的意見，第二天就去當了捕手。可是，當時波沙達的球隊經理並不想要捕手，就把他踢出去了。波沙達得另覓球隊才能打球。好不容易，有個球隊願意收他當候補球員。有一天，平時上場的捕手傷了膝蓋，所以波沙達就上陣了。他並沒有表現得特別好，但是他展露出能力，球隊經理也願意栽培他。

「之後又有一天，波沙達的老爸又問他，是不是還想打大聯盟，波沙達說是。

「『既然這樣，那你明天就開始用左手揮棒。』

「波沙達再次跟他老爸理論：『老爸，我是右撇子耶。』

「『你如果想進大聯盟，就要是個能左右開弓的捕手。』

「波沙達同意他老爸的話，第二天開始就用左手揮棒。連續十六次被三振之後（這是波沙達自己的說法，他老爸的說法則是二十三次），他才第一次打到球。

「一九九八年，波沙達揮出十九支全壘打，其中有十七支是用左手打的。二○○○年，他在同一場比賽裡用左手和右手各揮出一支全壘打。伯尼．威廉斯（Bernie Williams）也跟他一樣，這創下了職棒史上首次有兩名同隊球員都各用左右手打出全壘打的紀錄。波沙達在二○○○年打了二十八支全壘打，他和德瑞克．基特（Derek Jeter）、伯尼．威廉斯和馬利安諾．李維拉（Mariano Rivera）一起入選了全明星賽。二○○一年，他打出二十二支全壘打。二○○三年，他同樣入選了全明星賽，還跟球隊簽下年薪五千一百萬的合約；最厲害的是，他那年打出三十支全壘打，平了洋基隊史上打出最多支全壘打的捕手尤吉．貝拉（Yogi Berra）的紀錄。」

「我知道爲什麼，沛辛先生——因爲他願意做不成功的球員不願意做的事。」

「沒錯。雖然他覺得自己應該當個一壘手，但還是願意去當捕手；雖然他是右撇子，但還是願意練習用左手揮棒。爲了成功，他願意犧牲，願意做出一些選擇，這些都是不成功的人不願意做的。」

「我真的很感謝你告訴我這些故事，沛辛先生。我還在思考要怎麼把它們應用在自己的人生裡，而且我還有個疑問：在那個棉花糖的研究中，你和其他小孩都是四到六歲的年紀，只看小時候吃不吃棉花糖，好像就可以決定未來會不會成功，那麼，那些過去吃掉棉花糖（搞不好現在還是）的小孩──以及像我這樣的大人──會怎麼樣？我們也能成功嗎？或者，我們注定一輩子都會吃掉每一塊出現在眼前的棉花糖？」

「阿瑟啊，如果我是這樣想，就不會跟你講這些故事了。的確，如果你從小到大都在練習延遲享樂的訣竅，要拒絕棉花糖是比較簡單的，就像如果一生下來就是兩手都能靈活應用，要左右開弓打棒球，當然也會比左撇子或右撇子簡單。成功並不是由過去或現在如何決定的，而是取決於你願不願意去做那些成功所需的事。從你願意做的那天起，你就向成功邁出了第一步。**關鍵是現在。**」

「這樣我就放心了，沛辛先生。決定未來的，不是過去做的事，而是現在願意付出些什麼。」

「沒錯，阿瑟，你要問自己的是：**我願意在今天做些什麼，來**

決定未來的，不是過去做的事，而是現在願意付出些什麼。

It's not what you've done in the past, it's what you're willing to do in the present that determines your future.

獲得明天的成功？」

「沛辛先生，你給了我好多東西去思考，我得好好消化一下，而且你這幾天還不在呢。你今天早上要去布宜諾斯艾利斯，對嗎？」

「對啊，阿瑟，我要去五天。等我回來，我們就有得聊了。」

當晚，阿瑟在他的筆記本裡這樣寫：

不管你過去是不是一個吃棉花糖的人，都不會影響你未來的成功。成功取決於你今天願意付出什麼，來獲得明天的成功。

阿瑟看著靜靜躺在他茶几上的那四塊棉花糖。明天，他就有八塊了。如果他忍住不吃，等到沛辛先生回來，他就會有，嗯，八塊、十六塊、三十二塊、六十四塊、一百二十八塊——一百二十八塊棉花糖。他搞不好得去多買個幾包回來！

阿瑟拿出皮夾，很驚訝地發現，在發薪日的前一晚，他竟然還剩下將近兩百元。這怎麼可能?!通常在薪水匯進銀行戶頭的前一天，他都只剩下最後二十塊錢，而且有好幾次還得翻箱倒櫃——翻汽車座椅、沙發靠墊——把所有零錢都翻出來才能勉強應付。平常的阿瑟是搞不清楚自己的錢跑去哪兒了，但現在，他卻搞不清楚錢怎麼還在！

不知道爲什麼，阿瑟就是覺得追根究柢很重要，所以，他拿出筆記本，列了一張表。

在家吃飯省下的錢：七十塊

一整個禮拜，阿瑟沒少吃一頓珮蘭莎做的飯。他現在很常回家——跟以前比起來，眞的頻繁多了——而且都在吃飯時間。這五年來，他一直享有這項工作福利——美味的三餐——卻常常在一天之內去兩次速食店。如果他每個禮拜在家吃飯可以省下七十元，那一年下來，就可以省下三千六百四十元。即使是在十六歲生日買跑車之前，阿瑟也從來沒有存過這麼多錢。

不去酒吧省下的錢：五十塊

阿瑟不是很愛喝，但他通常每個禮拜會去一、兩次酒吧。喝個兩杯再加上小費，他口袋裡就少掉二十塊錢，而且阿瑟又老愛請人家喝一杯，有時候是死黨，有時候是美女。這個禮拜因爲他腦子裡想的全是棉花糖，還有怎麼樣可以不吃它們，所以誤打誤撞達到目標：毫不費力就省下了五十塊錢。如果每個禮拜都這樣，一年下來，他可以省下兩千六百元。

不參加每週的撲克牌局省下的錢：五十塊

這個星期四晚上，阿瑟因爲很專心地用沛辛先生的電腦上網找資料，所以完全忘了有撲克牌局這回事。其實阿瑟的撲克牌打得還不錯——他從來不會像其他傢伙一樣，把薪水輸光光——不過要說他從來沒輸過，那也是謊話。他通常會帶一百塊錢去打牌，有時回家變成兩百塊，有時一毛不剩。平均起來，他每週花在撲克牌局上的錢大概是五十元。

所以這個禮拜，阿瑟在飯錢上省下七十元，在喝酒和打牌上各省了五十元。加起來是一百七十元，這個數字就差不多對了，因爲上個星期他還很高興，發薪日的前一晚自己還剩下三十塊錢。這眞是太驚人了。這個禮拜阿瑟最大的開銷是那包價值一塊七毛七的棉花糖。

如果他每個禮拜都省下這麼多錢呢？有可能嗎？嗯，當然有，他剛剛才證明自己做到了。可是，實際做起來呢？

嗯，他很確定自己可以做到在家吃飯這一項。就算他錯過吃飯時間，家裡的廚房也總是爲他開放，只要兩分鐘，他就可以給自己弄一份豬肋排、燉肉，或是古巴三明治。家裡有這種美食，幹麼還要花五分鐘、十分鐘去排速食店的得來速呢？沒錯，他可以每週省七十塊錢，一年多存下三千六百四十元。

那每個禮拜五十塊的酒錢呢？比較有可能的是，他偶爾還是會去酒吧晃晃，不過假如他減少去的次數、換朋友請他喝、不再用爛方法吸引女生注意，那麼，他一個禮拜可以輕輕鬆鬆省下三十塊錢，這樣一年就有一千五百六十元。

我願意在今天做些什麼，來獲得明天的成功？
What am I willing to do today in order to become successful tomorrow?

還有撲克牌局呢？阿瑟很喜歡打牌，不想完全放棄。那如果他每兩個禮拜才去一次呢？這樣一年就可以省下一千三百元。

阿瑟把所有項目加總。

省下的飯錢：

$3,640／年

省下的酒錢：

$1,560／年

省下的打牌錢：

$1,300／年

總計：

$6,500／年

純粹爲了好玩，阿瑟在把筆記本收起來之前，又做了另一種計算。他算了一下，他買的那包棉花糖一共有六十六塊。一包一塊七毛七，他一年省下來的錢可以買三千六百七十二包，或是二十四萬兩千三百五十二塊棉花糖！又或者，他可以買更有價值的東西……

那天晚上睡覺時，阿瑟的腦子裡充滿各種想法，但其中最揮之不去的，就是沛辛先生向他保證，他絕不是注定一輩子只能有「差強人意的成就」。沛辛先生是怎麼說的？

成功看的不是你的過去或現在。當你願意去做不成功的人不願意做的事情時，就是成功的開始。

隔天，因爲在去機場接喬納森．沛辛之前還有一點時間，所以阿瑟開車到一家文具店，買了一塊白板，然後把白板掛在自己的房間裡。他用加大字體在白板上列出過去一個禮拜他所學到的東西。

- 不要一開始就把棉花糖吃掉。等待對的時機，這樣可以吃到更多棉花糖。
- 成功的人說話算話。
- 一塊錢每天翻倍，持續三十天，會超過五億。凡事要從長遠來想。
- 要從別人身上得到你想要的，一定要讓對方想幫助你，並且信任你。
- 要讓別人按照你的話去做，最好的辦法就是影響他們。
- 成功的人願意做不成功的人不願意做的事。
- 成功看的不是你的過去或現在。當你願意去做不成功的人不願意做的事情時，就是成功的開始。

在這些重點旁邊，阿瑟寫下一個問題：

我願意在今天做些什麼，來獲得明天的成功？

接著列出一些可能的答案：

・在家吃飯。

・在酒吧喝酒時少花點錢。

・一個月打兩次撲克牌就好，不要每個禮拜都打。

・凡事要想得長遠。

Chapter 5

越來越多棉花糖

謹守三十秒法則

喬納森・沛辛從布宜諾斯艾利斯回來時，阿瑟開著豪華房車等在機場接機車隊的最前端。他從駕駛座上跳出來，衝上前去接過老闆的袋子。

「歡迎回來，沛辛先生！這趟旅途還愉快吧？那些阿根廷人對你好不好？有沒有機會跳跳探戈？」

「你好啊，阿瑟，布宜諾斯艾利斯很不錯，不過我這次沒機會練習探戈。阿瑟啊，仔細想一想，阿根廷人現在的處境眞的是很艱難。其實，棉花糖理論也可以應用在國家上。」

「這話怎麼說呢，沛辛先生？」

「唔，阿根廷算是全世界擁有最豐富自然資源的國家之一，但這個國家基本上已經破產了。很多年以前，阿根廷曾經是全世界第八大的經濟體，現在狀況卻很糟，雖然沒有比古巴和海地慘，但是也夠糟了。」

「爲什麼呢，沛辛先生？」

「嗯，阿瑟，這是個很複雜的問題。我們可以說有各種原因。政府的腐敗是其中之一（雖然他們剛選出一個承諾會大力改革的新總統），亂七八糟的規畫，還有，失去動力的阿根廷人（包括那些說是執政者讓他們失去動力的人），這些都是問題。不過最重要的，是他們用掉的比生產的多，很明顯地，這是一個太快吃掉棉花糖的例子。

「看看日本、新加坡、馬來西亞，或是南韓，他們的經濟發展都比大多數拉丁美洲國家來得好。」

「爲什麼呢，沛辛先生？」

「因爲他們不會吃掉所有的棉花糖，而是把其中的一大部分都存起來。身爲古巴裔美國人，我很同情拉丁美洲的人民。那個世界有很多很優秀的人，也有足夠的資源可以成功——他們擁有全世界大約百分之三十五的資源，生產力卻只占全世界的百分之九。我們要改變這個狀況，阿瑟，我的人生目標之一就是幫助他們發展，讓他們成功。網際網路對拉丁美洲脫離經濟困境是一大幫助。古巴民眾一般是不被允許上網的，但除了古巴之外，在拉丁美洲其他國家，網際網路成長得非常快速。」

「沛辛先生，你眞是個天才！」阿瑟說。

「不，阿瑟，我不是天才，這些只是常識加上大量的閱讀。」

「沛辛先生，再問你一個問題，亞洲人是不是比拉丁美洲人聰明？」

「不是這樣的，阿瑟，這兩個地方都有非常優秀的人。我想大概是文化的關係吧。」

「嗯，我想我們在比較的是吃或不吃棉花糖的人。」

「你很聰明，阿瑟，你學得很快。」

「謝謝你，沛辛先生。對了，說到這個，你記不記得很久以前，你說過我可以用你的電腦？」

「對啊，怎麼了？」

「嗯，我希望你不會生氣，你不在的時候我真的去用了。我不確定你不在時我可不可以用你的電腦，如果你介意，我真的很抱歉。」

「假如我沒記錯，我好像是說你隨時都可以去用電腦，只要不用它亂來就好了。我應該是這樣說的吧？」

「沒錯，沛辛先生。」

「那你是不是用電腦上網看色情電影？」

「沒有啦，沛辛先生！」

「上網賭博？」

「沒有。」

「還是在 eBay 上亂買一些你負擔不起的東西？」

「也沒有，沛辛先生。」

「那你就算沒有亂來了，阿瑟，你隨時都可以繼續用我的電腦。」

「謝謝你，沛辛先生。呃……你不問我用電腦做了什麼嗎？」

「我不用問，阿瑟，相信等你準備好要說的時候，就會跟我說了。很高興你開始對電腦感興趣，它可是非常有價值的資訊源頭。」

「嗯，沛辛先生，我正在努力發掘。」

「有沒有什麼問題要問我？我出國前你問過我有關你的棉花糖抵抗力，這個部分還有問題嗎？」

「如果你能給我一些啓發就好了。」

「我之前告訴過你，我父親在史丹佛大學念書，這也是爲什麼我會被找去參加棉花糖研究的原因。不過我沒告訴你的是，爲什麼他會去史丹佛，還有拿到學位對他來說有什麼意義。在古巴的時候，我父親是個很專業的新聞工作者，寫了十七本書，名聞遐邇——不過，是以反卡斯楚政權出名的。

「他離開古巴的時候，一無所有，所有的財產都被充公，而我母親肚子裡還懷著我。他什麼工作都做，但不管工資多微薄，他都會把其中一部分存起來，而且當他知道在美國沒辦法再進報社工作之後，他就轉換跑道。那時他開始申請大學，最後不但申請到全美最頂尖的大學之一——史丹佛大學，還包括獎學金。雖然他得半工半讀才能維持下去，但他做到了。

「他把他做人的原則教給我，在我十三歲開始打工送報紙的時候，他就堅持我一定要開一個儲蓄戶頭。我父親鼓勵我申請全美國最好的學校，我也照做了。我的學士和企管碩士學位都是在哥倫比亞大學拿的。你說爲什麼學校會收我，我想至少有一部分原因，是我把我從父親那兒學到的棉花糖理論告訴他們。

「有了哥大的企管碩士學位，要找工作並不難，所以我也找到了。一畢業，全錄（Xerox）公司就錄用了我，然後我開始有不錯的收入。你還記不記得我說過，就算賺的錢不夠溫飽，我父親還是會把薪資的一部分存起來？我也把我所有收入的百分之十都存下來，同時還加入公司的四〇一K退休金計畫——就跟其他很多公司一樣，全錄也會提撥相對應的金額來存進我的退休基金裡。我那時很愉快，一直升職加薪，過得也很舒服，算是小有成就。

「後來我知道一間網路公司有經營上的困難，當時我面臨一個抉擇：留在全錄，繼續一路往公司高層晉升，還是冒險追求更大的成功——或是失敗——自己出來闖。幸運的是，有幾個全錄的同事選擇跟我一起離開。我們買下專家網路出版公司，成立了一間當時需求很大的網頁設計與網路行銷公司。之後，運用我在全錄訓練經理人和業務人員的經驗，我們擴大發展線上課程的業務。我們公司不接一堆小公司的案子，只專注在大客戶身上，這樣的獲利是好幾百萬，而且還能打響公司名號。

「阿瑟，重點是，其他很多人也都可以做到我們在專家網路出版公司所做的。全世界有幾十萬名培訓經理，這些人都可以把自己的教學技巧轉換成網路教學技術，而且這其中至少一半的人是有銷售專長的，他們也都知道，不吃棉花糖——對小客戶不會來者不拒——而是等待更重要的大客戶，威力有多大。」

「可是沒有人這樣做！」

「我們是第一個這樣做的，但從那時候開始，就有很多人學我們的做法，而且很快地，就會有越來越多人緊追我們不放了。」

「那你要怎麼保持領先呢，沛辛先生？」

「我讓你看一樣東西，是我很年輕的時候我父親給我的。」

喬納森從皮夾裡拿出一張紙條，然後打開，上面寫著：

每天清晨，在非洲的大地上，瞪羚醒來，
牠知道牠一定要跑得比獅群中最快的獅子快，
否則，牠就會被吃掉。
每天清晨，獅子醒來，
牠知道牠一定要跑得比最慢的瞪羚快，
否則，牠就會餓死。
無論你是瞪羚還是獅子，
太陽出來後，你最好就拚命地跑吧。

「哇，沛辛先生，這眞是意味深長啊。」

「沒錯，阿瑟，這就是爲什麼二十年來我都把它放在皮夾裡。所以，我們每天都準備好要跑得比其他競爭者更快，隨時掌握相關研究和市場需求。」

「還有什麼其他原因讓你成功呢，沛辛先生？」

「我們永遠都要奉行所謂的三十秒法則。任何遵行三十秒法則的人，都一定比其他人成功，即使其他人更聰明、更有才華，或長得更好看。」

「這法則的內容是什麼，沛辛先生？」

「不管你靠什麼為生，首先都要跟人產生互動，而這些人會在見到你的三十秒內，決定要不要和你建立關係。」

「也就是說，你要不就給人家一個好的第一印象，要不就等著完蛋？」

「差不多是這樣。如果這些人覺得自己還滿喜歡你的，那他們大致上會傾向接受你這個人的一切。對了，你高興的時候會不會手舞足蹈？喜歡你的人會覺得你很熱情，不喜歡你的就會覺得你這樣看起來很白痴。喜歡你的面試官會把你的彬彬有禮解釋爲謹愼小心，不喜歡你的，就會認定你很軟弱。如果經理喜歡你，那你的自信在他看來就是性格上的優點；假如經理不喜歡你，他就會覺得你很傲慢。」

「所以這一切都是感覺問題囉？」

「沒錯。一個人的長處可能是另一個人的短處，這都要看別人對你的印象來決定。**如果你能掌握別人對你的印象，就能掌握他的心。**阿瑟，你應該很高興商場上有這個三十秒法則，因爲你很自然就能與人互動、連結，這會一直爲你帶來好處。」

「謝謝你，沛辛先生！這段話對我來說意義重大，尤其因爲是你說的。」

「專家研究，一個人在金錢上的成功，百分之二十是因爲技能、天分、知識，但有百分之八十是因爲好的人際手腕，還有能不能與其他人保持良好的關係，贏得別人的信賴和尊重。不管你是在面試工作、爭取加薪，還是賣產品或服務，越能和人建立關係，你如願以償的機會就越大。」

「這很有道理啊，沛辛先生。我碰過很多說自己聰明的人——他們可能眞的很聰明啦——但是因爲他們很沒禮貌、很陰險，所以他們說的話我都不怎麼相信。不過，我也碰過另外一些人，他們讓我一點都不懷疑其專業度，而且相信他們要跟我說的事情應該還滿值得聽的。」

「因爲你喜歡他們？」

無論你是瞪羚還是獅子，太陽出來後，你最好就拚命地跑吧。

It doesn't matter whether you are a lion or a gazelle. When the sun comes up, you'd better be running.

「對啊，因爲我喜歡他們。雖然大家都說不要妄下結論或以貌取人，可是我想我們常常都在這樣做。」

「你說的沒錯，而且你能意識到這一點很聰明。就像我說的，我覺得你在討人喜歡這件事情上很在行。還有，在我們到家之前，我想再給你舉一個例子，讓你知道爲什麼我相信**任何人都能成功，不管他過去的行為或境況如何**。」

「我洗耳恭聽，沛辛先生。」

「有個報紙經銷商，從前是在加拉卡斯火車鐵軌旁賣報紙起家的。他只是一個委內瑞拉的小報販，地位低，薪水也少。這個人姓迪．阿瑪斯（De Armas），你如果想知道名字，可以上網查他的資料。最近他以數億美元的價格，把他的報業王國賣給西班牙的企業集團。阿瑟，你能想像嗎？他從赤貧中的赤貧搖身一變，現在成爲首富中的首富。還是一樣的道理，他沒有吃掉他的棉花糖。每賣出一份報紙，他就會把賺進來的存一部分起來，等到有了足夠的錢，他就買下他的第一個報攤，然後第二個，然後第三個，就這樣一直下去。」

「沛辛先生，眞是太謝謝你了，我得到很多啓發。」

「你太客氣了，阿瑟。」

「沛辛先生，如果你接下來幾個小時不需要我，我還有些事想在城裡辦一辦。」

「我接下來沒什麼計畫，阿瑟，你去忙吧，我們明天早上見。」

送喬納森．沛辛到家後，阿瑟就開著車去銀行。他開了一個儲蓄帳戶，存了三百五十元進去，這些錢是他前兩次的薪水裡剩下來的。離下一次發薪水還有幾天，但他口袋裡還有五十元。阿瑟很確定他這個週末不會像以前一樣身無分文。

去過銀行之後，阿瑟又去圖書館拿一本放在櫃檯的預借書，書名是《如何在比拉魚之間求生存：用你所有的來獲得你想要的》（*How to Survive Among Piranhas: How to Get What You Want with What You Have*）。沒錯，阿瑟從沛辛先生身上學到，你一定要經常接觸一些有啓發性的書籍、有聲書及影片，所以，他準備好要在週末做一些啓發性的閱讀。而因爲那天是星期五，所以阿瑟會去酒吧喝一杯——即使有人請客，也只喝一杯——然後看看是不是能用沛辛先生的電腦搜尋一下有什麼學校可念，或有什麼事業可以開創。

阿瑟走了以後，喬納森・沛辛想到他的司機最近對電腦產生興趣，從自己不用的筆記型電腦裡挑一部給他用，聽起來滿合理的。他的豪宅範圍內全部裝了高速網路，所以只要阿瑟想，隨時隨地都可以上網。

雖然累了，但喬納森整個人還是因爲這趟旅程而神經緊繃，所以他決定還是不要叫屬下送，而是親自把筆記型電腦拿去給阿瑟。稍微散一下步，或許能幫他消除一些長途旅行後殘留的壓力。如果他能在阿瑟回來之前，把電腦放到他屋裡，那他的司機就會有個驚喜在家裡等著。

不過，眞正驚訝的人是喬納森。走進小木屋時，他發現了一些驚人的變化：一面白板，上面寫著最近他和阿瑟分享的心得、十塊一疊的棉花糖一共十二疊，另外還有——他很快地算了算——八塊零散的在旁邊。喬納森迅速心算了一下，看起來阿瑟已經以倍數來累積棉花糖七天了。他好笑地想，如果阿瑟再繼續下去，他的房子就要被棉花糖淹沒了。

喬納森很開心地笑了。他什麼也沒動，帶著電腦離開了阿瑟的屋子，不想讓阿瑟知道他看到了這些東西而不好意思。他可以找一個下屬明天幫他把電腦送過去。

Chapter 6

開始吃棉花糖

延遲享樂的報償

一個禮拜之後，阿瑟開始爲另一件事東奔西跑：到附近各家超市去退還他買的棉花糖。他自己在家進行的棉花糖倍數成長小實驗，被證明了是很占空間而且很貴的。經過十四天，他的房間裡已經有將近八千兩百塊棉花糖了。幸好他在一半的時候就不再拆封了，因此可以退還一百二十五包裡的一百包。

雖然他覺得在一家家超市之間跑來跑去有點蠢，還得接受收銀員奇怪的眼光和冷嘲熱諷，但他同時也很爲自己感到驕傲：

他一塊棉花糖都沒吃！

他成功執行這個實驗十四天之久！

他花了兩百二十五元買棉花糖，但是因爲沒有拆封，而且收據都有留下來，因此可以拿回超過兩百元。他直接把這兩百元存進銀行戶頭，這是他在七天之內的第三筆存款。

阿瑟還是想要繼續執行他的棉花糖倍數成長計畫，直到三十天結束。幸好有沛辛先生大方出借的筆記型電腦，阿瑟可以用比較不占空間（而且比較便宜）的方法來完成計畫。只要把一塊棉花糖的圖片貼進文件檔裡，然後利用剪貼的功能，他就可以在筆記型電腦的螢幕上看見棉花糖數量的成長了。

第一天	1	第十六天	32,768
第二天	2	第十七天	65,536
第三天	4	第十八天	131,072
第四天	8	第十九天	262,144
第五天	16	第二十天	524,288
第六天	32	第二十一天	1,048,576
第七天	64	第二十二天	2,097,152
第八天	128	第二十三天	4,194,304
第九天	256	第二十四天	8,388,608
第十天	512	第二十五天	16,777,216
第十一天	1,024	第二十六天	33,554,432
第十二天	2,048	第二十七天	67,108,864
第十三天	4,096	第二十八天	134,217,728
第十四天	8,192	第二十九天	268,435,456
第十五天	16,384	第三十天	536,870,912

為了記錄數量成長的過程，他還列了一張表（編按：見右頁）。

此外，阿瑟也開始把自己生命中出現的人分成：吃棉花糖的、不吃棉花糖的。這個新的分類方法相當具有啓發性，因爲阿瑟發現，他以前很讚賞吃棉花糖的那一夥人，現在卻轉而開始喜歡那些不吃棉花糖的人了。

比方說，他的朋友波費瑞歐是出了名的花花公子，懷裡的美眉棉花糖每個星期都是新的。阿瑟以前很羨慕波費瑞歐的獵豔紀錄——他帶回家的女人比誰都多；但現在如果讓阿瑟選，他寧願只要一個很棒的女朋友，也不要一打只是上床的性伴侶。然而，如果他不改變追女生的習慣，又怎麼可能找到很棒的女朋友呢？他不可能在跟一堆女人約會的同時，還有時間去發展一段意義深遠的關係。你可沒辦法把已經吃掉的棉花糖存起來。

阿瑟又想到他的死黨尼可拉斯，女人都超愛他，常常主動約他出去，但他大部分都拒絕。阿瑟一直以來都覺得尼可拉斯頭殼壞去，但現在呢？尼可拉斯看起來是個幸運兒，有個聰明、風趣、漂亮又愛他的女友，已經交往兩年多了，這個女生還是阿瑟介紹給他的呢。爲什麼阿瑟要介紹自己的朋友給尼可拉斯？因爲即使跟這個女生約了幾次會，阿瑟還是沒辦法抗拒他遇到的下一個美眉棉花糖。

阿瑟還想到他的撲克牌友，即使在打牌的時候，都有辦法抗拒而不是吃掉棉花糖。像艾力克會把可能贏的牌都下注，並且試著逼其他玩家在可能贏他之前抽腿；卡林就不一樣了，他通常在第一次發牌之後就蓋牌了，可是當手上有一副好牌時，他也不會隨隨便便就讓它贏了，而是會讓所有人都一直下注，等到桌上的錢夠多了，他才把自己的牌亮出來。卡林不像其他牌友那麼常贏，但是每次贏，數目都是最大的。阿瑟以前都覺得卡林是個無聊的牌友，但贏錢可一點都不無聊！說不定，阿瑟能從卡林身上學到一課。

卡林等待金額更高的賭注，就像沛辛先生等待更大的客戶和生意一樣。如果阿瑟可以找出方法，把棉花糖理論應用在自己的工作和生活上，那豈不是個重大的棉花糖變革？他做得到嗎？

到目前爲止，阿瑟透過在家吃飯、減少喝酒和打牌的花費省下了錢——幾乎省下他薪水的三分之一。他還能做些什麼？爲了獲得明天的成功，他今天還願意做些什麼？

阿瑟開車回家，開始在腦海中列清單。

為了成功，我願意做的事有：

省一點？可以，減少娛樂開支就好。

存多一點？也可以，每個禮拜的目標是兩百元。

賺多一點？是很想啊，但是要怎麼賺？

回到家之後，阿瑟又針對這個問題想了很久。他這份司機工作給了他很多自由時間，只是他得全天候待命，所以沒辦法去做一般的工作，像是外送披薩——搞不好在送厚底義大利香腸披薩途中，沛辛先生就打電話叫他去接，然後他就只好帶著別人的披薩落跑。可是，一定有什麼是他可以做的。他得好好研究一下，同時也想想還有什麼其他方法可以增加存款。

阿瑟嘆了口氣，走到衣櫥旁，從裡面拿出他蒐集的棒球卡。他眞的很愛這些卡！他很認眞地蒐集，已經有差不多十年了，有些卡現在一定已經價值數百、甚至數千美元了。他捨得不要這些棒球卡嗎？這樣做值得嗎？他的不捨是情感上的，還是金錢上的？這又是另外一個要思考的問題了。

到目前爲止，阿瑟對自己列出的項目不是很滿意。或許他需要用其他方法。說不定先訂出目標，然後達成目標的方法自然就會出現了。過去兩個禮拜，他在網路上和圖書館搜尋、研究，沒有告訴別人，所決定下來的目前最重要的事情是什麼？

第一目標：去念大學

阿瑟知道，如果他要在任何一個他感興趣的領域成功，就一定要去念書。所以，他願意做些什麼來達成這個目標呢？花少一點、存多一點，沒錯。然後他要找其他辦法來賺錢——賺多一點、賣掉他不需要的東西。

可是，錢不是上大學唯一需要的東西，他得先讓學校收他才行。於是，他寫下一個新的問題：

我願意做些什麼來讓學校收我？

・一星期花十個小時準備SAT（入學能力測驗）

阿瑟在網路上找到一些考題範本，也在圖書館找到可以用來準備考試的書。他絕對可以每天排出兩小時來準備考試。

・開始準備入學申請

阿瑟很驚訝地發現，他可以在網路完成大部分的手續，包括寫入學申請作文。他可以現在就把這件事做完，這樣一來，就不會錯過申請入學的期限。

・安排去自己感興趣的學校面試

沛辛先生不是說過，大部分的成功都是看你跟別人的互動夠不夠好嗎？阿瑟可以肯定，如果能早一點跟入學審查委員面談，他一定能夠引起他們的注意。再說，他這麼一個已經二十八歲、過去成績爛得要命的司機，要跟那些成績優秀的高中生競爭，得有自己的優勢才行。

．請沛辛先生幫忙寫推薦信

阿瑟把這件事加上去，然後又劃掉。現在還不到這麼做的時候，應該等到他可以向老闆證明自己是很認眞的，而且至少完成了其他的一些承諾才行。

．多肯定自己在棉花糖挑戰上的成績

這聽起來也許很好笑，但阿瑟還是決定把這一條留下來，畢竟他是在三個星期前才知道這個棉花糖理論，卻已經做了一些很大的改變。雖然幾分鐘前他才痛罵自己的「願意去做」清單太短，也很沮喪自己沒辦法把蒐集的棒球卡賣掉，但是，保持正向態度可以幫助他更專注。

最後，他寫道：
再過三天，我就會有一百萬塊棉花糖了。

Chapter 7

棉花糖的甜美滋味

目標＋熱情＝平靜

「所以，阿瑟，從我們開始討論棉花糖實驗到現在，已經好幾個星期了。它有給你的人生帶來什麼影響嗎？」

「多到你想都想不到，沛辛先生。」阿瑟開著車向南走，往市區前進。「其實，我可以很明確地說出來，你是多少天以前拿我的麥香堡來跟棉花糖做比較的：二十九天！」

「你怎麼能夠記得這麼清楚呢，阿瑟？」

「因爲你告訴我棉花糖理論的那天，就跟你告訴我一塊錢每天翻倍，持續三十天，最後可以拿到超過五億，是同一天。我覺得試試看讓棉花糖倍數成長會很好玩，而到了明天，也就是第三十天，我就會有五億三千六百八十七萬零九百一十二塊棉花糖了；如果再讓它加倍一次，那我就會有超過十億塊棉花糖喔。」

「阿瑟，請千萬不要告訴我，你放了五億塊棉花糖在你的小木屋裡。」

「沒有啦，沛辛先生，裝不下啦。我算過了，要一個四十乘四十乘二十英尺的空間才能把這麼多棉花糖塞進去。別緊張，我在兩個星期以前就不用眞的棉花糖了，它們的花費越來越高；現在，我只要在你借我的筆記型電腦裡讓它們倍數成長就好了。」

「我『給』你的，阿瑟。那部電腦現在是你的。」

「謝謝你，沛辛先生！」

「不客氣，阿瑟。我知道對我來說，這部電腦是個明智的投資，看來你用它做了一些很有創意的事。」

「沛辛先生，你一定會很驚訝的。上個星期我取消了約會，因爲我在網路上談一筆交易，要賣掉我的棒球卡。」

「你爲了買賣棒球卡而取消了約會？」

「不是買賣，是賣，沛辛先生。我說服了買家，買一張不如買五張，所以賺進三千多塊錢；如果我把我的收藏全部直接賣給中間商，那還賺不到兩千塊。」

「恭喜你，阿瑟，你沒有吃棉花糖！你的收藏一定價值不菲。」

「我計畫至少要靠它們賺一萬塊，一張一張分開賣，或者幾張一組來賣。我的價格不是在網路上定，就是拿去給附近的中間商定的。」

「我還是要再恭喜你一次。只是，你要賣你收藏的棒球卡，動機是什麼？我希望你不是有財務上的問題。」

「剛好相反，我正在存錢。不過，我想還是先不告訴你是爲了什麼。」

「不錯啊，阿瑟。但我可不可以提醒你一件事？」

「當然可以啊，沛辛先生。」

「我要你知道，我很佩服你的野心和動機，而且我相信你一定可以完成你所有的目標。」

「有哪裡不對嗎？」

「沒什麼問題，阿瑟。我只是希望你知道，每一個人，包括我在內，有時都可能會把棉花糖吃掉，所以如果你偶爾不小心失誤了，希望你不要太苛責自己。可能有一天你會覺得棒球卡一張一張地賣太累了，就把剩下來的所有卡片一起賣個幾百塊錢，所以也許只能賺到五千塊，而不是你最初計畫的一萬塊。這種時候你很容易對自己生氣，因爲你損失了本來有機會多賺到的五千塊錢，但重要的是去看你做到的——就算只賺了五千塊，還是比你一次全拿去賣給中間商要多了三千塊啊，也比你把它們塞在衣櫥裡多了五千塊。」

當你有個目標興致勃勃地要去達成，而且也做了該做的事，帶來的結果就是平靜。

When you have a goal and get excited about reaching it—and do what it takes to reach it—the effect is calming.

「謝謝你，沛辛先生，我了解你說的。我寫了『多肯定自己一點』這句話給自己，讓我在覺得受到挫折的時候可以看。很有趣的是，我越專注在自己的目標上，越是興致高昂，就越不覺得自己有壓力。每一次延遲享樂完成了目標的一部分之後，我都更相信自己一定能夠持續做下去。這樣是正常的嗎？」

「這是正常的，阿瑟。既然你剛剛提到了一些數學計算，我這裡有條公式可以給你參考。」

「什麼公式啊，沛辛先生？」

「目標＋熱情＝平靜。」

「聽起來不賴耶，沛辛先生。當你有個目標興致勃勃地要去達成，而且也做了該做的事，帶來的結果就是平靜。幾個星期之前，我對自己是不是能成功感到非常困擾、不知所措，你還記不記得我問過你，一個人會不會成功，是不是在四歲時——也就是你參加棉花糖實驗的時候——就被決定了？現在既然我有了自己的目標，也採取行動朝它邁進，我就不會被這個問題困擾了。我只專心地思考要如何達成目標，以及什麼時候達成。」

「非常好的觀點，阿瑟。說不定我們可以把公式改成：**目標＋熱情＋行動＝平靜。**」

「『行動』絕對是改變一切的重點。我覺得，只要你有去做，即使是很微不足道的行動，都能夠獲得平靜。我是從寫下你提出的問題開始的：**我願意在今天做些什麼，來獲得明天的成功？**每次加一個答案上去，我的心情就會好一點；每次眞正去執行自己寫下的答案，我的心情就會好很多很多；每次拒絕吃掉棉花糖——就像昨天我開車經過麥當勞的得來速卻沒有開進去——只爲了能擁有更好的，例如肋排三明治，那感覺就好像打了一劑腦內啡一樣快樂。」

「我實在很高興聽到你這麼說，阿瑟。一開始只是我一個月前的一句喪氣話，現在卻爲你帶來一些驚人的改變。你確定你還沒準備好要告訴我你的超大棉花糖祕密嗎？你的計畫到底是什麼？」

「我還沒有準備好啦，沛辛先生。不過我向你保證，你一定是在我之外，第一個知道的人。只要我準備好，一定馬上告訴你。」

Chapter 8

感傷的棉花糖

阿瑟把豪華轎車停在一棟高聳的辦公大樓旁，專家網路出版公司就在這棟大樓裡。他坐在車裡，掙扎著想要找到勇氣走進去。他的額頭都是汗、手在發抖，嘴巴則是乾到彷彿牙醫師把吸唾器開到最強一樣。

阿瑟答應要讓沛辛先生第一個知道他的計畫，他打算守信用。他沒辦法再忍耐了——他的計畫幾個星期前就開始了。他很難相信，距離沛辛先生告訴他棉花糖的故事已經過了八個月，而這個故事改變了他的人生。他也不敢相信自己這麼害怕面對他的老闆。

自從八年級邀請艾咪．湯普森當舞伴之後，阿瑟再也沒這麼緊張過。在他那張「願意在今天做些什麼來獲得明天的成功」的單子上，這一次要達成的任務，是裡面最艱難、也是他拖延最久的。

下定了決心，阿瑟跨出車子，鎖好車，然後搭電梯到六十八樓。他算是認識公司的一些員工——有時候沛辛先生會要他幫忙搬一些文件回家——很感謝櫃檯的接待小姐親切地跟他打招呼，然後什麼也沒問就讓他進了喬納森．沛辛的辦公室。

「沛辛先生，可以耽誤你一點時間嗎？」

「當然可以，進來吧，阿瑟。有什麼問題嗎？」

「可以說有，也可以說沒有，沛辛先生。我是來辭職的。我來是要正式通知你，我只做到這個月底。我很樂意訓練下一個司機，而且會盡一切努力讓他很快上手，還有……」

「阿瑟，你在工作上有什麼不開心的嗎？還是我對你有什麼地方不夠尊重？」

「天啊，不是啦，沛辛先生！你想的實在差太遠了。就是因爲你對我非常好，又教我很多道理，所以我才能下定決心去……去……去念大學啦。佛羅里達國際大學決定收我了。」

「我眞的很爲你高興，那是一間不錯的學校喔！你有辦法應付嗎，不管是財務上還是其他方面？」

「是不太輕鬆啦，沛辛先生。不過自從你告訴我延遲享樂這個道理——也就是不要吃掉面前的棉花糖——之後，這八個月裡，我已經存了超過一萬五千元。我從薪水裡存、從賣掉的棒球卡裡存，還有從我做的小生意裡存。」

「小生意？什麼樣的生意？」

「在賣掉我的棒球卡收藏之後，我就開始想，我從來都不是那麼在乎有沒有那些卡，我喜歡的是蒐集，還有做成一筆好交易的感覺，所以想要找到方法，讓我雖然沒有了棒球卡，還是可以享受它們帶給我的快樂。最後，我想出一個辦法，讓我可以另外再賺一點小錢。」

「是什麼辦法呢，阿瑟？」

「我在網路上仲介棒球卡的買賣。基本上，買賣棒球卡的雙方都可以開個價，如果我能幫買方談到八五折以下的價錢，那我就向他收一些手續費；但如果我可以幫賣方用更高的價錢賣出去——這也是真正有賺頭的地方——多出來的錢就都是我的獎金了。賣方客戶會很高興他賣到他要的價錢，而我也很開心我做成了一筆大生意。雖然這個生意還不夠讓我變有錢，但已經夠補貼我買書和麥香堡了。以後沒有珮蘭莎的照顧，我想我又要回去吃麥當勞囉！」

喬納森・沛辛沉默了一會兒，然後打開書桌的抽屜，拿出一個信封來。

「阿瑟，隨時歡迎你回來吃一頓家常便飯，而且如果你先打電話回來，我會叫珮蘭莎準備最棒的西班牙海鮮飯，裡面放最棒的龍蝦給你。」

「謝謝你，沛辛先生。可是我最捨不得的不是珮蘭莎燒的菜，是你，老闆。」

「唉呀，阿瑟，你不用叫我老闆。我一定也會很想你，可是對這一天的到來，我早就有心理準備了。我看著你改變、成長了這麼多，知道你一定會成功的，因爲你願意去做不成功的人不願意做的事。所以，早在六個月之前，我就幫你預備了一些東西。拿去看看吧。」

阿瑟接過喬納森．沛辛遞給他的信封。

「沛辛先生，這上面有寫我的名字！」

「是啊，阿瑟，我說過這是爲你準備的啊！還有，既然你就要成爲我商場上的同輩了，我想你該開始叫我喬納森了。」

阿瑟打開信封。看到裡面的東西時，他倒抽了一口氣。

「沛辛先生，喔，喬納森，這是——」

「這應該夠你大學四年的學費了。我知道就算沒有我的幫忙，你也可以自己搞定，但就是因爲你已經證明你可以靠自己，我才會希望你收下這份禮物。你努力工作了這麼久，這是你應得的。你也該享受一、兩塊棉花糖了。另外，我知道，等有一天你非常成功的時候，你一定會把這些發揚光大，再傳給另一個有潛力、但需要一點點幫助的人。」

阿瑟伸手抱住喬納森。兩個男人擁抱著彼此，眼淚從他們的臉頰上滑落。

吃完了棉花糖

讀完故事後的分析

不吃棉花糖這件事不只是理論而已，它還是一種生活方式。不管你的職業是什麼、你個人對幸福快樂的定義是什麼，也不管你對理想的私人關係或工作關係抱持著什麼樣的看法，不吃棉花糖一定會為你帶來成功。無論現在有多少塊棉花糖——或迷你棉花糖——是你唾手可得的，只要照著書裡的方法做，任何人都可以得到豐盛的棉花糖大餐。

照著做的話，會得到什麼樣的報償呢？

你會有足夠的能力送你的小孩上大學，甚至可以送你自己上大學！你可以建立更長久、更有利潤的商場關係，而且退休後還可以維持一定的生活水準。工作了五十年，到最後什麼都沒有，這樣好嗎？如果你能遵循棉花糖守則，就永遠不會落得如此下場。

今天什麼都多多……明天什麼都沒有

不吃棉花糖這件事並不容易，也不受歡迎。我們的社會已經變成了速食社會，速食文化在個人和企業層面隨處可見，我們總是聚焦在立即可享的快感、立即可有的報償，當然還有立即可見的好處。我們需要做的，是重新排列優先順序。

在你的一生中，你會做出幾百萬個選擇，每一個選擇都會決定你是誰、你要做什麼、你會變成什麼，或是你會擁有什麼。很多人出生在富裕家庭，最後卻潦倒以終；但也有很多人出身寒微，從小住在貧民區或拖車上，最後卻變成百萬、甚至億萬富翁。**不要責怪（或倚賴）你的過去，重要的是怎麼運用你現有的資產、天賦、教育、性格、毅力、金錢，以及不吃棉花糖的本事。**

所以，該如何把棉花糖守則應用在自己的人生？讓我分享一些眞實案例，它們會幫助你把故事中阿瑟學到的東西，應用在自己的生活裡。一開始我會先講我個人的經驗，因爲如果是我在四歲的時候參加了棉花糖實驗，我一定在那個大人還沒跨出房門前，就把棉花糖吃掉了！

越多信用＝越多負債

我這輩子賺了很多錢，可是長久以來，我養成了一個習慣：花更多。我一直處於負債狀態，身上通常沒有足夠的現金來支付基本的生活開銷。我的父母教導我，欠錢不還是絕對不行的，所以我只好用一張信用卡來付另一張信用卡的錢——這意味著，在我賺到棉花糖之前的幾個月，我就已經把棉花糖吃掉了。借貸公司都超愛我，還給了我AAA的評等，以及二十五萬美元的信用額度，我卻痛恨自己用成功的外表掩飾了眞正的失敗。我不想變成百分之九十的美國人：靠著社會福利金過活、靠著小孩過活，或是靠著自己可以工作到死那一天的本事來過活。

後來，我讀到棉花糖實驗，它徹底改變了我的人生，讓我忍不住要跟大家分享這個簡單的智慧，能讓多少人知道就讓多少人知道。

不要責怪（或倚賴）你的過去，重要的是怎麼運用你現有的資產、天賦、教育、性格、毅力、金錢，以及不吃棉花糖的本事。

Don't blame (or rely on) your past. It's what you do with your current assets, how you use your talent, education, personality, persistence, money and marshmallow-resisting skills that matters.

我一開始的改變很微不足道，所以你一定也做得到。我五十多歲時被一家跨國企業任命爲副總裁，公司提供了一個方案，扣掉我每個月薪水的一部分，存下來當作退休金。我選擇參加這個方案。即使不在那家公司工作了，我還是會持續把每個月賺來的錢都存一部分起來。我在中年的時候開始儲存棉花糖，結果你知道嗎？我今天就可以退休，而且可以一輩子都過得舒舒服服。

你要怎麼吃你的棉花糖：烘的、烤的，還是直接吃？

我工作的動力是一股想要幫助別人的熱情，但如果我累了、病了、理想破滅了，或是需要嘗試另外一些挑戰，我馬上可以不必再到處演講，經濟上仍然能維持自己的生活。你知道這感覺有多自由（而且我女兒有多放心）嗎？品質運動之父愛德華茲・戴明博士（Dr. W. Edwards Deming）說過，他熱愛教學工作到打算在教室裡上課上到斷氣爲止，結果在他九十二歲那年，他在一堂研討會上被送到醫院，沒多久就過世了。現在我也有戴明博士那種至死方休的熱情，可是一旦我想要減少工作量，或甚至完全不工作了，我也存了足夠的棉花糖來支持我這樣做。

我的建議是，你最好變得超級會存錢，而不是超級會花錢。如果你懂得把棉花糖存起來，就會達成你的目標；假如把棉花糖吃掉了，你就不會達成目標。爲什麼有人會一直陷在金錢漩渦裡不可自拔，就是因爲他們不願意先把棉花糖存起來。美國人的生產力很高，儲蓄觀念卻很差。一九九九年八月，《達拉斯晨報》報導，百分之三十三的美國家庭都破產了；也就是說，美國有三分之一的人口，手上完全沒有現金資產。美國人口統計單位還曾經針對一千兩百名有工作的美國人進行調查，結果顯示，將近百分之四十的嬰兒潮世代，存款不到一萬美元，而且還有很多人比他們更慘！

想像一下，好幾百萬人到了六十五歲，手邊卻沒有一點錢留下來。誰來養他們？社會安全福利制度即使沒有在本身沉重的壓力下全盤瓦解，也只能提供最基本的生活所需。如果今天這些最會花錢的人口，變成明天最需要幫助的人口，那麼年紀越來越大的嬰兒潮世代，還有整個國家的經濟，都會有吃不完的苦頭。這也就是爲什麼讓現今的文化接納棉花糖心態是這麼重要了。

你要賓士轎車，還是棉花糖？

我的好友，也是我認爲全世界最棒的商業書籍作家麥可・勒巴夫（Michael LeBoeuf），幫我們計算了花掉自己財富的代價。他算得比我認識的其他任何人都要好。他問大家：「你是不是把你未來的財務自由拿來當車子開了？你是不是把它拿來戴在手腕、手指或脖子上了？你是不是抽菸、喝酒或上高級餐廳吃飯把它搞掉了？你是不是租了一間豪華公寓，所以把它給了房東呢？其實你大可以投資買房子，既可以增值，又可以拿來抵掉不少稅金。這些花費不只是你從口袋裡掏出來的錢而已，它還是一筆可以用錢滾錢一段時間後累積下來的財富，你卻把它花掉了。」

從麥可說的來看，你有五個理由要把棉花糖存起來。假設你沒有把下面的錢花掉，而是拿來投資年利率十一%的指數型基金（這個利率只比S&P 500指數的利率稍微低了一點而已），你會發現：

1. 如果你不在二十七歲時去買一隻五千元的手表，到六十五歲的時候，你就會有二十六萬三千七百八十一元。
2. 如果你從十八歲開始，不要每天花一塊錢去買樂透彩券，等你到了退休年齡，就會有五十七萬九千九百四十五元。
3. 如果你從成年到退休都沒用到信用卡的循環利息，你就可以存下一百六十萬六千四百零四元（此金額的計算根據是，一般信用卡帳單金額如果是八千元，一年下來的利息是一千四百四十元）。
4. 如果你從二十一歲到六十五歲，每天都不花五塊錢吃垃圾食物、抽菸或喝酒，而是把錢存下來投資，你就可以多出兩百零八萬零一百二十一元。

5. 如果你是買房子而不是租房子，那麼以平均月租一千元來計算，從二十一歲到六十五歲，你可以存下一千三百三十八萬六千六百九十六元。

先別急著說「好」

除了儲蓄，你還可以把棉花糖守則應用在什麼地方？對推銷員來說（即使不是在推銷部門，我們大部分人都還是得推銷自己），就是要學會在什麼時候，以及如何跟人家說「好」。這裡有個例子。

有一次，我在加州的三歡市開了一場時

你是不是把你的財務自由拿來戴在手腕、手指或脖子上了？

Are you wearing your financial freedom on your wrist, on your fingers or around your neck?

間管理的研討會，其中一些與會者來自波多黎各電信公司。研討會之後，他們邀請我跟該公司管理發展部門的總經理碰個面，總經理問我是不是可以去他們公司開幾堂時間管理的課程。馬上就答應他當然很好，可是這樣就等於吃掉我的棉花糖了。所以我答道：「可以啊，我當然可以去幫你的員工上幾堂時間管理的課，但我想先請教一下，是什麼樣的困難讓你覺得上時間管理課程就可以解決？」這個問題的答案讓我拿到了波多黎各電信公司一百二十萬的合約。

記住：**當客戶跟你說他想要買某某產品或服務時，如果你馬上打開包包，拿出訂購單來填，你就是在吃掉你的棉花糖！**相反地，你要去找出客戶還有什麼其他需求。這樣一來，你不但沒有吃掉那塊棉花糖，還給了自己機會去賺更多更多棉花糖回來。

棉花糖實戰：超越華爾街的實用

雖然《先別急著吃棉花糖》這本書是爲了達到商業和財務上的成功而寫的，但我絕對相信，它可以被應用在所有職業、目標，以及各種年紀的人身上。

你可能聽過那些永遠在重複的故事，很多中了樂透頭獎的人，最後的下場是破產（或更慘）。你可能也曾經批評，這樣一筆天外飛來的財富竟然落在不會用的人手裡，實在是太不公平了——爲什麼頭獎不是給你？你絕對會比那些人處理得更好！但問題是，擁有許多之後又失去，這種狀況並非只發生在那些花一塊錢買彩券而暴富的人身上，它同樣也會發生在努力工作賺錢的人身上，甚至是你我身上。

不管你的目標是什麼——是在公司裡升職、買輛新車、擁有數百萬身價，還是得到同儕的尊敬——成功端賴你有沒有能力去享受最初的成就，而非貪婪地吞掉，以及能不能採取跟你的目標相應的行動。棉花糖守則不是要你一直克己，不斷告訴自己除非到了九死一生的關頭，否則絕對不能亂花一毛錢；相反地，它是要讓你**在現在與未來的欲望之間取得平衡**。

花錢比賺錢容易，我也知道你的欲望通常比你的銀行戶頭大很多。然而，即使是一直都很成功的人，也會因爲理財觀念太差或做了不正確的抉擇，而使所有的成功付諸流水。我們看過多少有錢的名人、公司執行長或公眾人物，因爲錯誤的財務決策而失去一切？強烈的花錢欲望——而且是隨心所欲地花——讓很多曾經以爲自己錢花不完的人，一蹶不振。這些人不懂，棉花糖守則成功的眞正祕訣是：知道自己想要什麼，而且隨時把最終目標放在心上，然後爲了那個大棉花糖夢想竭盡所能，而不是狼吞虎嚥沿途的那些迷你棉花糖。

通往成功的道路很多，但我想告訴大家的是，**真正持久的成功，只能透過耐心、毅力和堅持自己的長期目標來成就。**我會多舉幾個例子說明。

海盜與天堂

強尼・戴普是個中輟生，家裡有個自顧不暇的單親媽媽，但現在他被盛讚爲同輩演員中最有才華的演員之一。戴普是個很清楚的例子：成功其實在他一進入好萊塢就可以擁有了，但他不挑簡單的路走。

他二十一歲時首次演出電影，經典恐怖片《半夜鬼上床》（*A Nightmare on Elm*

棉花糖守則不是要你一直克己，而是要讓你在現在與未來的欲望之間取得平衡。

The marshmallow principle is not about endless self-denial. Rather, it's about balancing current and future desires.

Street），這是他第一個電影角色。三年後，他成爲《龍虎少年隊》（*21 Jump Street*）這部影集的主角，一集的酬勞是四萬五千美元，他也因此成爲青少年性幻想對象，並且在主演這部影集的三年裡，持續占據這個寶座。

對戴普這樣一個出身寒微的人來說，應該很容易就開始好好享受因成功而來的金錢和知名度。但戴普說，他不想成爲好萊塢的「商品」，所以影集還在播映時他就辭演，然後冒險接演《剪刀手愛德華》（*Edward Scissorhands*）裡面那個天眞無知、長相怪異的愛德華。其結果就是，戴普首度入圍金球獎，並且獲得其他機會，演出電影《帥哥嬌娃》（*Benny and Joon*）和《艾德伍德》（*Ed Wood*）裡那些廣受好評的角色。

千禧年初，有人開出一千萬的價碼，請戴普演出《神鬼奇航》（*Pirates of the Caribbean*）裡的傑克船長。這個海盜的角色對戴普來說再輕鬆不過了：拿主角的酬勞演配角。飾演一個迪士尼系列裡的海盜會有多難？然而，戴普再次讓大家知道他腦袋裡裝的可不是漿糊。他冒著被換角的風險，頂著一個綁滿辮子的頭、嘴戴金牙，全身散發奇斯·理查茲（Keith Richards）的氣場出現在片場——他對角色樣貌的發想就是從這位滾石合唱團的傳奇吉他手而來的。迪士尼的高層嚇到了，但雖然很不情願，還是讓這個「我還不要吃棉花糖」的演員，按照自己的想法來演出這個角色。戴普的靈感和才華，讓他獲得奧斯卡及其他十六個獎的提名，並獲得其中一些獎座，包括美國演員工會獎。

還沒有任何跡象顯示戴普要兌現他的棉花糖。他避免讓自己太有名氣，說他寧願花時間跟「小東西們」（他和法國名模演員凡妮莎·帕哈迪斯所生的女兒和兒子）在一起，也不要在洛杉磯的人群中搞社交。對戴普來說，成功的意義不只是賺錢而已。

「對我來說，挑戰就是繼續去做一些還沒有在電影裡被做過的事。」戴普在二〇〇四年三月的《時代雜誌》裡這麼說，「不然的話，我幹麼要做？」

有張橡皮臉的男人

金凱瑞剛到好萊塢時，既沒有顯赫家世，也沒有太高的教育程度，只有一項被認證過的才華：逗大家笑。雖然他不只想要是個好笑的人，但他知道，要實現成爲戲劇演員的目標，他一定要先做個成功的喜劇演員。而就像我的堂弟荷黑．波沙達在想要當個二壘手的時候，說服自己去當捕手，並練習左右開弓揮棒一樣，金凱瑞也在自己一點都不想笑的時候成功地讓大家笑了，因爲他覺得這是他可以做得比別人更好的事。雖然他有躁鬱症，在情緒低潮時會把奮鬥的辛酸放大，但金凱瑞用了一個小訣竅來讓自己保持動力，這個訣竅任何人都可以學起來：他開了一張一千萬的支票給自己，寫了個未來的日期，隨身帶著。覺得沮喪時，他就把那張支票拿出來，想像自己去兌現，想像有誰會找他去演出什麼角色，想像當他的銀行戶頭眞的有了一千萬，他會過著怎樣的生活。

金凱瑞的願景，還有他訂定目標並堅持下去的本事，讓他如願以償。他幾乎就在寫下的到期日兌現了那張一千萬的支票，並且將事業版圖由大眾喜劇《王牌威龍》（*Ace Ventura*），擴展到比較黑暗、比較複雜深刻的喜劇，例如他在《王牌冤家》（*Eternal Sunshine of the Spotless Mind*）裡的角色——這部戲後來贏得了奧斯卡的最佳原創劇本獎。

你並不需要一張金凱瑞的橡皮臉來打造自己的成功。決定好你最終的棉花糖獎賞是什麼，並且讓自己隨時都看得到（或放進口袋裡），恆久成功的甜美滋味就會是你的。

而這樣的成功應該是你定義的成功——它一定要是你自己的願景，而不是別人的。延遲享樂，並經受住人生中不可避免會面對的各種失望、挫折，不是件容易的事，但如果這些目標是深深扎根在你心裡的，那麼，你達到和維持目標所需的動力就有所支撐。

如果金凱瑞只要當個收入不高的單口喜劇演員就滿足了，你想，他口袋裡那張一千萬的支票會對他產生任何激勵作用嗎？假如一點都不關心自己的未來，吃掉棉花糖對我們來說很簡單——無論這個棉花糖是金錢、工作或各種關係——但如果你的目標很清楚，而且很明確是你的，那麼棉花糖理論就會成爲一種生活方式。

這是個棉花糖的世界

這本書的共同作者愛倫，還有她的兩個女兒，把棉花糖理論融入每一天的生活裡。現在她們做任何決定，無論大小，棉花糖理論都在其中發揮作用——她們甚至會說棉花糖語！然而，不到一年之前，當我第一次找愛倫討論要寫這本書時，她並不覺得這個理論可以用在她身上。

「對我來說，這理所當然是個商業理論，而且剛開始談的時候就是這麼說的，」愛倫說，「可是因爲我不了解如何把棉花糖守則應用在商業世界以外的任何人身上，所以很排斥。身爲一個剛被男朋友騙光銀行戶頭裡所有的錢，只剩下一塊八毛七的女人，我第一個反應是怨嘆：『就是沒有其他男人（棉花糖）了啊，叫我怎麼辦？我一定得吃這塊棉花糖啊，不然我會餓死的！』」

然而，當愛倫不再只是把棉花糖理論當成商業術語，她發現幾乎所有地方都適用這個理論（而且可以帶來金錢報償）。

「有一天，我把拒吃棉花糖的理論告訴兩個女兒，隔天小女兒跑來跟我說她十六歲生日想要哪些禮物。從她開給我的單子看來，我相信她完全不用什麼棉花糖理論，還有我們實際上的財務狀況。」

那張單子上是這樣寫的。

＊Jimmy Choo的鞋子（瑞絲·薇斯朋在《金髮尤物》裡穿的那一款）。

＊Poppie Harris的襯衣（小甜甜布蘭妮一口氣就買了十件）。

＊Juicy Couture的長袖連帽T恤和運動褲（不要像珍妮佛·羅培茲穿的粉紅色那種，要比較像瑪丹娜那個茶色的）。

＊7 for All Mankind的牛仔褲（《聖女魔咒》裡的菲比拿它來配Manolo Blahnik高跟鞋，但《六人行》的莫妮卡是配Puma運動鞋，所以這個牌子的牛仔褲可以高雅，也可以休閒）。

＊MAC的化妝品（只要用過MAC，你就不會想再用別的牌子了）。

＊LV的包包（希拉蕊·朵芙蒐集這些包包）。

＊凌志（Lexus）的車（如果你要買新車，一定要買輛好車，凌志比保時捷有保障多了）。

在愛倫還來不及開口反對之前，她的女兒愛麗森繼續往下說：「我不是真的希望你可以買清單上的任何一樣東西給我，但這些都是我想要的。現在，我正在存錢買一件 Juicy 的長袖連帽 T 恤，它的定價是一百元，可是打折的時候可以到半價，而且它穿起來真的很舒服；如果我這個暑假賺得夠多（把念大學的錢另外存起來之後），我也許還會去買一件 Juicy 的運動褲，但一定會是在價錢很便宜的時候。我真的很喜歡 MAC 的唇蜜，一支要十四塊，但是我在 eBay 上看到試用組，一套六支迷你口紅是五塊錢，還附一枝唇筆，光是那枝唇筆在 MAC 店裡就要賣十五塊。這一套試用組的運費是兩塊五，所以我出的價錢不會超過七塊五，這樣加上運費總共是

真正持久的成功，只能透過耐心、毅力和堅持自己的長期目標來成就。

True sustainable success can only come with patience, perseverance and a steady eye on one's long-term goal.

十塊錢。你在藥妝店買唇蜜都不只這些錢了，而且還不是什麼特別的牌子呢！」

那車子呢？

「我還沒有駕照呢！而且我可以走路上學。不過，也許有時候我可以跟你借個車？車子眞的很貴，你絕對不會想要『棉花糖』一筆這樣的消費。」

棉花糖一筆消費？

「唉呀，你知道的，意思就是直接用標價購買，或者完全不確認維修紀錄或不去思考買二手的會不會比較好，就吃掉那塊棉花糖啊。」

當一個孩子在不到一個月之內，把一個名詞轉換成動詞使用、把一種糖果轉換成一句口頭禪時，千萬要注意，一定是發生什麼很重要的事情了！

愛倫記得她只有在跟女兒閒聊的時候才會聊到棉花糖理論，就像跟她們聊她的寫作計畫一樣。她非常驚訝兩個女兒馬上就接受了這個想法，相信不吃棉花糖是在工作和人生方面成功的方法。

「喔，這根本就不是問題嘛。」一個女兒說道。

「每個人都會相信這個理論啊。」另一個女兒也這樣說。

「爲什麼？」愛倫問道，她還是沒辦法說服自己。

「首先，它聽起來有點好笑。棉花糖本身滿有趣的，所以它是用一種好玩的方式來解釋一個嚴肅的概念。這個概念很有道理——爲你眞正想要的東西堅持，用一塊棉花糖換兩塊，一定比較好。」

「而且這不光是運用在商業上，在人生裡也一樣。大家都可以這樣做啊。」

愛倫的大女兒瑪琳娜也忠實信仰著棉花糖理論。雖然她天生就是個不會吃棉花糖的人，早在念中學前就開始計畫自己大學要念什麼，但她一個月之前打了個電話給她媽媽，說她想回家。

「回家度週末？」愛倫問。

「回去就不回來了，」瑪琳娜說，「我想休學。我待在這裡就是在吃棉花糖，而且對實現自己的目標這件事，我越來越灰心了。」

愛倫當然希望女兒可以繼續留在學校。瑪琳娜大三已經念一半了，而且她有四年的全額獎學金，學校的健康保險還可以幫她負擔醫療費用，每個月五百塊錢。除此之外，念大學是很重要的！愛倫自己有碩士學位，在大學裡開寫作課，她期望女兒可以超越她在學識上的成就。毫無疑問，這是愛倫想要的。

不過，感謝有棉花糖理論，愛倫並沒有用簡單的方法來解決這件事；相反地，她問了瑪琳娜以下這些問題——我也建議你們每個人都要問自己這些問題。

棉花糖計畫的五個步驟

1. **你需要做些什麼改變？**你現在可以執行哪些策略來停止吃棉花糖？你願意付出些什麼來改變？

2. **你的強項和弱點是什麼？**你需要改進的是什麼？要怎麼做，才能有最大的改善？

3. **你主要的目標是什麼？**找出至少五個主要目標，寫下來，然後再寫下你需要怎麼做才能達到這些目標。

4. **你的計畫是什麼？**把它寫下來。如果你看不到目標，絕對沒辦法完成它。

成功應該是你定義的成功——它一定要是你自己的願景，而不是別人的。

That success should be the success you define—it should be no one's vision but your own.

5. **你要怎麼做才能讓自己的計畫付諸實行？**你願意在今天、明天、下個星期、明年做些什麼，好幫助自己實現目標？就像阿瑟在這個故事裡學到的：你要怎麼樣才能願意去做不成功的人不願意做的事？

瑪琳娜的第一目標是成爲演員，所以她決定休學。而她願意做的是：不上大學的課程，而是去上表演課、找一個經紀人、搬到洛杉磯、每天至少去試鏡一個角色、找一份工作來負擔自己的生活——然後等到表演工作的收入可以負擔她的學費了，她就回去把大學念完。

愛倫說她一點都不懷疑自己的女兒可以實現演員夢，「因爲她知道自己想要做什麼，也知道必須做哪些事才能達成目標，更願意爲實現目標竭盡所能。而因爲我從來不會拿自己沒有實踐的事情要求孩子，所以現在我自己也在照著這五個步驟做。在身為棉花糖榜樣這件事情上，我一直都，嗯，不是那麼有說服力，特別是在處理男女關係方面；而現在我下定決心，一定要找到一個伴侶，他會是我不吃棉花糖的獎賞。」

步驟六

你的棉花糖夢想是什麼？你要如何讓美夢成眞？我非常相信，無論你在追求什麼、是什麼年紀、身處什麼境況，只要按照這五個棉花糖計畫步驟去執行，都能邁向成功。不過，我還是要再多加一個步驟：

毅力。

不要放棄。當超級業務員哈利・柯林斯被人問到，他要打多少次電話給同一個潛在客戶才會放棄時，他說：「這要看我們兩個誰先死。」

如果有一塊棉花糖是你很想要的——不管那是一雙鞋、一段更有意義的愛情生活，或是經濟上的獨立——延遲享樂絕對會是一項激勵人心的挑戰，而非不可能的任務。請去實踐這本書提到的做法，我保證，你的棉花糖很快就會堆積如山。

棉花糖守則

棉花糖守則①

要預測一個人未來成不成功，能不能延遲享樂是很重要的指標。

棉花糖守則②

成功的人說話算話。

棉花糖守則③

不要一開始就把棉花糖吃掉。

等待對的時機，這樣可以吃到更多棉花糖。

棉花糖守則④

凡事要從長遠來想。一塊錢每天翻倍，持續三十天，會超過五億。

棉花糖守則⑤

要從別人身上得到你想要的，一定要讓對方想幫助你，並且信任你。

要讓別人按照你的話去做，最好的辦法就是影響他們。

棉花糖守則⑥

成功看的不是你的過去或現在。當你願意去做不成功的人不願意做的事情時，就是成功的開始。

棉花糖守則⑦

目標＋熱情＋行動＝平靜

最後請記住：**今天你所做的選擇，會在明天帶給你大大的收穫——只要你別那麼急著……吃掉棉花糖！**

國家圖書館出版品預行編目資料

先別急著吃棉花糖／喬辛・迪・波沙達（Joachim de Posada）、愛倫・辛格（Ellen Singer）著；張國儀譯. -- 二版. -- 臺北市：方智出版社股份有限公司，2024.04
160面；14.8×20.8公分 --（方智好讀；170）
譯自：Don't Eat the Marshmallow... Yet! The Secret to Sweet Success in Work and Life
ISBN 978-986-175-789-6（平裝）
1. CST：理財　2. CST：財富
563　113002179

Eurasian Publishing Group
圓神出版事業機構
用心與你對話・視野無限寬廣
方智出版社
Fine Press

www.booklife.com.tw　reader@mail.eurasian.com.tw

方智好讀 170

先別急著吃棉花糖【暢銷百萬慶祝版】

作　　者／喬辛・迪・波沙達（Joachim de Posada）、愛倫・辛格（Ellen Singer）
譯　　者／張國儀
發 行 人／簡志忠
出 版 者／方智出版社股份有限公司
地　　址／臺北市南京東路四段50號6樓之1
電　　話／（02）2579-6600・2579-8800・2570-3939
傳　　真／（02）2579-0338・2577-3220・2570-3636
副 社 長／陳秋月
副總編輯／賴良珠
主　　編／黃淑雲
責任編輯／黃淑雲
校　　對／黃淑雲
美術編輯／李家宜
行銷企畫／陳禹伶・蔡謹竹
印務統籌／劉鳳剛・高榮祥
監　　印／高榮祥
排　　版／莊寶鈴
經 銷 商／叩應股份有限公司
郵撥帳號／18707239
法律顧問／圓神出版事業機構法律顧問　蕭雄淋律師
印　　刷／祥峰印刷廠
2006年4月　初版
2024年4月　二版
2024年6月　2刷

定價 310 元　ISBN 978-986-175-789-6　